RÉGENCE DE TUNIS

DIRECTION DE L'AGRICULTURE & DU COMMERCE

L'OLIVIER EN TUNISIE

PAR

N. MINANGOIN
Inspecteur de l'Agriculture

PRIX : 75 CENTIMES

TUNIS
IMPRIMERIE RAPIDE (LOUIS NICOLAS, directeur)
rue d'Alger, vis-à-vis de la Résidence Générale

1901

L'OLIVIER EN TUNISIE

RÉGENCE DE TUNIS

DIRECTION DE L'AGRICULTURE & DU COMMERCE

L'OLIVIER EN TUNISIE

PAR

N. MINANGOIN

Inspecteur de l'Agriculture

PRIX : 75 CENTIMES

TUNIS

IMPRIMERIE RAPIDE (Louis Nicolas, directeur)

rue d'Alger, vis-à-vis de la Résidence Générale

1901

L'OLIVIER EN TUNISIE [1]

C'est en Asie Mineure que les produits de l'olivier ont tout d'abord été utilisés. De là, l'olivier a été introduit en Grèce, puis à Carthage par les Syriens et insensiblement dans toute l'Afrique du Nord. De la Grèce il a passé en Italie, puis en France et en Espagne. Sa zone de culture s'est donc étendue en Afrique et en Europe, et les deux branches de cette zone sont venues se rejoindre à l'Atlantique, entourant ainsi le bassin de la Méditerranée. Deux autres branches, partant également d'Asie Mineure, sont descendues le long et de chaque côté de la mer Rouge.

Les noms conservés à l'olivier dans les différents pays indiquent bien cette origine. En Andalousie, on lui donne encore le nom *d'acituno* qui vient de *zeïtoun*, en arabe زيتون, qui lui-même tire son nom du mot hébreu *zeït*. L'olivier sauvage y porte encore le nom de *azebuche*, qui descend du nom donné par les Arabes à l'olivier sauvage : *zebouze* (زبوز). En Portugal, les olives sont appelées *azeitonas* et l'huile *azeite :* arabe *zit* (زيت).

L'olivier a une longévité remarquable. Dans tous les pays où sa culture s'est étendue, on retrouve des spécimens atteignant des dimensions extraordinaires et remontant certainement à plusieurs siècles. Quelques-uns atteignent 12 à 15^{m} de hauteur et une circonférence de 4^{m} à 7^{m} 50, à un mètre de hauteur du sol.

Produits

L'olivier donne de nombreux produits dont un certain nombre avaient autrefois une grande importance, mais qui, aujourd'hui, ont beaucoup diminué de valeur par suite des découvertes de la science. D'autre part, on avait fait de l'olivier un arbre sacré, dont tous les organes étaient doués d'une vertu spéciale, mais dont l'efficacité a été rereconnue plus ou moins douteuse.

Dans l'olivier, on utilise l'huile, l'olive, les tourteaux, les feuilles et le bois.

1° HUILE. — L'huile joue comme substance alimentaire un grand rôle dans les pays chauds ; il est à remarquer, en effet, que, dans les régions où pousse l'olivier, les fourrages font à peu près défaut ; le lait et, par suite, le beurre est rare : l'homme est donc très heureux de pouvoir y suppléer par l'huile. Aussi, chez les Romains, l'huile était, avec le vin et le pain, classée parmi les aliments constituant la richesse d'une famille,

(1) Cours professé à l'Ecole coloniale d'agriculture de Tunis.

et, pour éviter que le prix de cet aliment ne fût trop soumis à la fantaisie des spéculateurs, on avait établi des magasins généraux où, en cas de disette, on trouvait une réserve. La plus grande partie des mets romains avaient pour base l'huile d'olives, et aujourd'hui encore, dans le sud de la France, on considère l'huile comme un élément indispensable à l'art culinaire.

L'huile d'olives est employée pour l'éclairage, mais cet usage est aujourd'hui très restreint, excepté en Tunisie, où, chez les Arabes, elle est la seule substance utilisée pour cet usage. Elle sert dans la tannerie pour adoucir les cuirs et trouve des emplois pour la teinture des toiles en rouge, pour le graissage des machines, dans l'horlogerie, la fabrication des savons, la parfumerie (enfleurage et macération). Mais, pour tous ces usages industriels, l'huile d'olives est fortement concurrencée par les huiles exotiques.

L'huile d'olives était autrefois très employée en médecine, surtout par les empiriques; elle avait la réputation de guérir toutes les maladies aussi bien par l'usage interne que par l'usage externe. On connait l'usage qu'en font les Arabes contre la piqûre des scorpions : ils écrasent le scorpion dans l'huile, dont ils se servent ensuite en cataplasme sur la piqûre.

L'huile d'olives est encore aujourd'hui très employée, dans la pharmacie, pour la fabrication de l'huile camphrée, de l'huile de camomille, des baumes, etc.

2° Olives. — Les olives sont utilisées pour la nourriture de l'homme surtout dans les pays chauds; certaines espèces, comme le menkar-erregma (bec de vautour) (Tunisie), sont mangées sans aucune préparation; la plupart sont amères; on enlève cette amertume par l'immersion dans une lessive alcaline, puis on les plonge dans la saumure.

3° Tourteaux ou Grignons. — Le résidu naturel de la fabrication de l'huile d'olives, tourteaux ou grignons, peut être employé dans l'alimentation des animaux; ce sont surtout les porcs et les moutons qui l'utilisent le mieux : c'est un aliment peu riche en azote (0,80). Quand les grignons ont été traités par le sulfure de carbone, ils ne peuvent plus être donnés au bétail, mais leur richesse augmente (1,35 d'azote, 0,81 d'acide phosphorique et 0,81 de potasse).

On s'en sert aussi comme combustible pour le chauffage des générateurs.

MM. Milliau, Bertainchand et Malet, dans leur *Rapport sur les huiles d'olive de Tunisie*[1] donnent pour les grignons les compositions suivantes :

(1) *Bulletin de la Direction de l'Agriculture et du Commerce*, n° 14, janvier 1900.

Composition des grignons sortant des presses:

	VARIÉTÉS	
	Chetoui	Chemlali
Eau	29.98 %	26.88 %
Matières protéiques	3.51	4.16
Matières grasses	15.40	14.77
Cellulose brute	16.04	22.98
Extractifs non azotés	31.73	29.20
Matières minérales	3.34	2.01
	100 »	100 »

Composition des grignons ayant subi le traitement au sulfure de carbone et conservés à l'air:

	VARIÉTÉS	
	Chetoui	Chemlali
Eau	14.96 %	17.00 %
Azote	1.15	» 92
Acide phosphorique	» 17	» 15
Potasse	» 83	» 77
Chaux	» 29	»
Magnésie	» 11	»

4° Feuilles.—Les feuilles étaient très employées autrefois, de même que les fleurs dans la médecine empirique; on s'en servait comme matière astringente pour les diarrhées et les maux d'yeux, comme fébrifuge, tonique et apéritif. Aujourd'hui, les feuilles sont surtout utilisées dans l'alimentation du bétail. En Tunisie, on donne aux moutons et aux chèvres les branches de taille sans les effeuiller; ils les consomment ainsi au fur et à mesure de la taille, mais on pourrait les conserver. Il suffirait d'étendre les branches feuillues sur une aire, de les laisser sécher et de les battre légèrement: on recueillerait ainsi les feuilles, que l'on mettrait en sacs et qui constitueraient une nourriture assez bonne. Dans le sud de la France, le produit ainsi obtenu paye une partie des frais de taille.

D'après les auteurs que nous venons de citer les feuilles et les brindilles ont la composition suivante:

1° Feuilles

Eau	47.60 %	Protéine	9.13 %
Matières sèches	52.40	Matières grasses	4.23
	100 » %	Extractifs non azotés	34.30
		Cellulose brute	2 »
		Cendres	2.70

La relation nutritive, c'est-à-dire le rapport entre les matières azotées et les matières non azotées est de 1/4, c'est donc un aliment assez riche.

2° Brindilles

Un kilo de brindilles contient :

Acide phosphorique...............	0.77
Potasse........................	3.32
Chaux..........................	8.79
Magnésie.......................	1.54
Azote..........................	5 »

5° Bois. — Le bois d'olivier est un des plus compacts et des plus denses qui existent. On s'en servait beaucoup autrefois dans la construction des vaisseaux, et cet usage s'est maintenu en Corse ; mais c'est surtout en ébénisterie qu'il est recherché pour la tabletterie et la marqueterie, car il acquiert un poli et un brillant remarquables. Ce bois ne se tourmente pas.

C'est un très bon combustible ; il brûle même à l'état vert. Sa densité varie de 0,836 à 1,117. Il donne aussi un charbon de première qualité.

Caractères botaniques

L'olivier appartient à la famille des *oléacées* et à la tribu des *oléinées*, qui se subdivise elle-même en sous-tribus : les *syringées*, les *fraxinées* et les *oléées*. C'est à cette dernière qu'appartient l'olivier *(olea europœa)*.

Les caractères du genre *olea* sont les suivants :

Port général à l'état naturel en cime arrondie. Rameaux étalés, très nombreux, prenant naissance à la base même de l'arbre. Tronc cannelé, noueux ; écorce lisse à l'état jeune, d'un vert cendré devenant dure, raboteuse, grisâtre lorsque l'arbre est vieux ; taille variant de 3 à 15 mètres. Racines très développées lorsque le sol est de bonne nature ; ces racines sont le plus souvent superficielles ; elles sont raboteuses, bosselées à la base de l'arbre, avec rejetons nombreux.

Feuilles sans stipules, simples et opposées oblongues, ou ovales lancéolées, entières, rarement dentelées, mucronées à leur extrémité, persistantes et de nature coriace ; face supérieure d'un vert pâle lisse ; face inférieure blanchâtre et recouverte de poils. Aspect général de l'arbre : vert grisâtre.

Inflorescence en grappes terminales ou axillaires, disposées à l'aisselle des feuilles, à divisions articulées, et composées de fleurs solitaires ou de petits cymes. Fleurs petites d'un blanc jaunâtre, presque toujours hermaphrodites, tétramères à réceptacle convexe : calice gamosépale court à quatre lobes peu profonds ; corolle monopétale à tube court, à lobes valvaires ou indupliqués alternant avec les sépales : deux étamines latérales insérées sur le tube de la corolle et à filets très courts; anthère ovale à deux loges déhiscentes latéralement par deux fentes longitudinales. Style court à stigmate dilaté et bilobé.

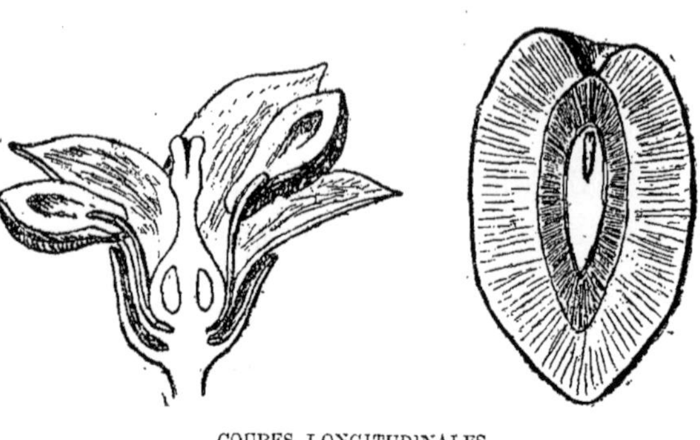

COUPES LONGITUDINALES
de la fleur de l'olivier — du fruit de l'olivier

Fruit de forme variable suivant les variétés, à noyau épais renfermant deux loges, dont une seule le plus souvent contient la graine.

La graine ou noyau est constituée par un épais faisceau fibro-vasculaire partant du hile et se ramifiant en petits fascicules qui se divisent et s'étendent sur le tégument, qui est très mince.

L'albumen est charnu, huileux, lisse, avec un embryon central à radicule supère et à cotylédons aplatis; cet albumen, quand on l'écrase, donne une huile amère.

Le mésocarpe, qui contient la plus grande partie de l'huile, a une épaisseur variable suivant les variétés. Sa couleur et sa forme servent à déterminer les variétés; il en est de même de la forme du noyau.

La couleur du fruit varie pendant son développement; quelques variétés deviennent rouges, puis noires; les autres restent vertes jusqu'à la maturité complète.

Le bourgeonnement de l'olivier commence lorsque la température a atteint 10 à 11°; il fleurit à 18 ou 19°, noue à 20 ou 22° et mûrit d'octobre à décembre, suivant les climats et les variétés.

La floraison arrive à une époque variable suivant les années. En Tunisie, les variétés les plus précoces commencent souvent à fleurir en mars.

Les deux formes de l'Olea Europœa. — L'Olea Europœa se présente sous deux formes : la forme primitive ou sauvage, qu'on appelle *oleastre* ou *zebouze*, et la forme *sativa*, qui est l'olivier cultivé. L'*oleastre* a une écorce plus grise, moins tourmentée, un branchage plus régulier, souvent épineux, les feuilles clairsemées, courtes et étroites, un fruit petit, noir, à gros noyau, et peu de pulpe. L'*olea sativa* a des rameaux inermes, un tronc sinueux, des feuilles lancéolées, des fruits beaucoup moins nombreux, mais plus gros et à noyau moins volumineux par rapport à la pulpe.

Quelle est de ces deux formes la plus ancienne? Les opinions sont partagées : les uns prétendent que l'olivier cultivé n'est qu'une amélioration par la culture de l'oleastre; dans ce cas, cette amélioration remonterait à une époque indéterminée et très ancienne; les autres, au contraire, prétendent que l'oleastre est postérieur au premier et qu'il n'est que le résultat du semis spontané de graines de bons oliviers. En faveur de cette dernière hypothèse, il est à remarquer qu'un noyau de bonne olive donne un oleastre, et que, jusqu'à présent, malgré tous les soins culturaux donnés à l'olivier sauvage, on n'a pu obtenir de lui une amélioration sensible dans les fruits. En outre, l'oleastre n'est pas un type unique. Quand on parcourt, en Tunisie, les forêts d'oliviers sauvages, on remarque que les zebouze auxquels, d'ailleurs, les Arabes donnent des noms différents, diffèrent non seulement par les feuilles, mais encore et surtout par les fruits : les uns sont ronds, les autres ovales, d'autres allongés et recourbés. Ces arbres ont été ensemencés par des fruits d'espèces différentes. C'est ainsi qu'à côté d'un nab-el-djemel on trouve un zebouze dont les olives, bien que petites, ressemblent tout à fait à celles de cette variété.

On trouve aussi sur certains points de la Tunisie et particulièrement dans le Nord (Aïn-Draham, Tabarca) des oliviers voisins du zebouze que les Arabes nomment *seïtoun*. Ceux-là ne sont pas des oliviers sauvages, mais des espèces intermédiaires entre l'oleastre et le sativa, peut-être des espèces dont l'amélioration a été commencée par les Romains, mais qui n'a pas été poursuivie. Ces arbres peuvent par la culture donner des fruits assez beaux et susceptibles de faire de l'huile.

Variétés

Les variétés d'olives sont très nombreuses en Tunisie et ne paraissent pas, pour la plupart, exister en France. Les principales d'entre elles sont décrites dans cette étude. La liste complète de ces variétés, désignées par les Arabes sous des noms variant souvent d'une olivette à l'autre, est difficile à établir; une même variété porte quelquefois plusieurs noms et le même nom est parfois appliqué à plusieurs variétés. Des soixante variétés auxquelles les Arabes donnent des noms différents, que nous avions réunis, nous avons dû en éliminer un certain nombre par suite de leur similitude; quarante variétés bien déterminées et connues, ont été conservées. Les planches ci-jointes représentent seize de ces variétés en grandeur naturelle. Il existe à la Direction de l'Agriculture et du Commerce un tableau renfermant les quarante variétés décrites, reproduites avec la couleur du fruit et de la feuille, au moment où elles ont été récoltées, du 1er au 15 novembre.

Pl. 1. *Fig. 1.* — Barouni.

Pl. 1. *Fig. 2.* — Bidh el Hammam.

Pl. 2. *Fig. 3.* — Besbassi

Pl. 2. *Fig. 4.* — Zarazi.

Pl. 3. *Fig.* 5. — YACOUTI.

Pl. 3. *Fig.* [illegible] MARSALINE.

Pl. 4. *Fig.* 7. — MESKI.

Pl. 4. *Fig.* 8. — RESSASSI.

Pl. 5. *Fig. 9.* — Saïali

Pl. 5. *Fig. 10.* — Nab el Djemel.

Pl. 6. *Fig. 11.* — CHETOUI.

Pl. 6. *Fig. 12.* — CHEMLALI.

Pl. 7. *Fig. 13.* — Rajou.

Pl. 7 *Fig. 14.* — Souaba el Aidjia.

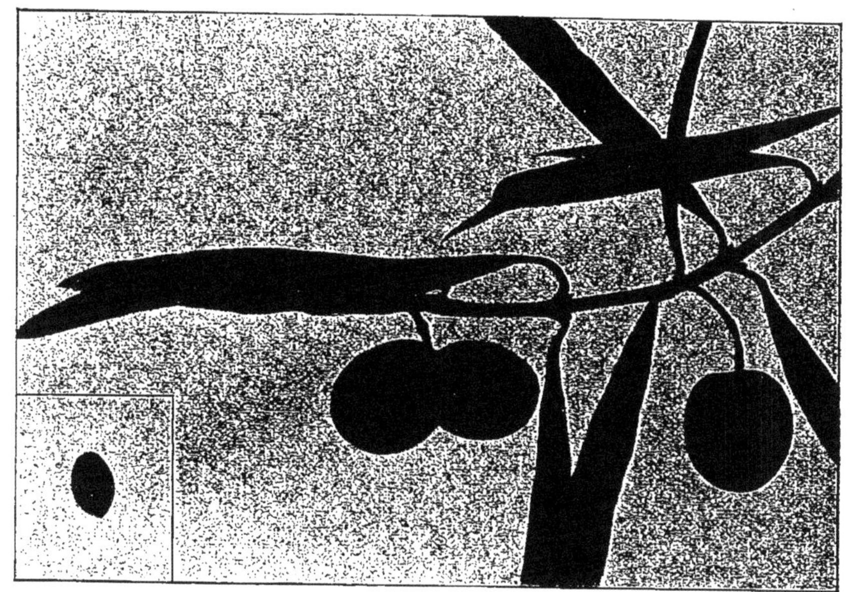

Pl. 8. *Fig. 15.* — Regragui.

Pl. 8. *Fig. 16.* — Menkar er Ragma.

Dans l'essai de classification ci-dessous, les olives de conserve ont été disposées par rang de grosseur, celles à huile d'après leur importance. Dans cette dernière catégorie il y a des fruits qui peuvent également être mis en conserve, de même que, dans la première, plusieurs sont utilisés par les Arabes pour la fabrication de l'huile.

Olives de conserve.—*Barouni de Sousse* (Pl. 1, fig. 1).—Cette espèce se rencontre presque exclusivement dans les olivettes du Sahel et en particulier à Kalaâ-Srira.

Feuillage clair, feuilles longues, de 7 à 8 centimètres, étroites, vert clair à la face supérieure, blanchâtre à la face inférieure. Fruits isolés, très gros, en forme de poire renversée, d'un rouge vineux à la maturité, qui est très précoce; pédoncule long et fort; pulpe épaisse et blanche; noyau contourné, long, gros, terminé en pointe. Fleurit fin février.

Bidh-el-hamam (œuf de pigeon) (Pl. 1, fig. 2).—Se trouve dans les environs de Tunis, dans le Mornag, à l'Ariana.

Feuilles un peu moins longues et d'un vert plus foncé que dans la variété précédente, blanches en dessous, brusquement acuminées. Fruits très gros, cependant moins que le barouni, isolés, ovales, ayant la forme d'un œuf, d'un rouge noirâtre à la maturité, qui est également de première époque; pulpe abondante; pédoncule court et fort; noyau court, gros, pointu, à sillons profonds. Fleurit en mars.

Besbassi (Pl. 2, fig. 3). — Environs de Tunis, Tebourba, Zaghouan.

Feuilles moyennes de 5 à 6 centimètres, d'un vert foncé en dessus, très blanches en dessous, légèrement acuminées. Fruits très gros, isolés, ovales, très réguliers, sans pointes, verts et rouges, presque séssiles; pédoncule fort; noyau long, terminé en pointe, chair moins épaisse que dans les variétés précédentes. Fleurit fin mars.

Zarazi (Pl. 2, fig. 4).—Existe un peu partout en Tunisie, aussi bien dans le nord que dans le sud. Donne un des plus beaux fruits pour la table.

Feuilles courtes, de 4 à 5 centimètres, larges, vert foncé en dessus, verdâtres en dessous; feuillage dense. Fruits gros, isolés, rouge foncé, allongés, terminés en pointe légèrement recourbée; pédoncule long et fort; noyau court, renflé à la partie inférieure. Fleurit en mars.

Yacouti (Pl. 3. fig. 5).—Assez abondant dans les environs de Tunis, le Mornag en particulier.

Feuilles longues de 6 à 7 centimètres, étroites, vert clair, très acuminées. Fruits gros, isolés, rougeâtre noir, pruiné, à maturité précoce, ovales réguliers avec une très légère pointe, un peu recourbée; pédoncule très fort, de 1 à 2 centimètres; noyau court, de grosseur moyenne, à sillons peu profonds. Fleurit en mars.

Meski (Pl. 4, fig. 7).— Abondant à Tunis, Zaghouan, Soliman.

Feuilles longues de 6 à 7 centimètres, d'un vert foncé en dessus, blanches en dessous. Fruits gros, ovales, presque ronds, rouges, souvent géminés, séssiles; pécondule fort; noyau moyen, avec pointe recourbée. Fleurit en avril. Fruits peu amers.

Marsaline (Pl. 3, fig. 6). — Abondant à Tunis, Soliman, Zaghouan.

Feuilles vert foncé, courtes, disposées en bouquets. Fruits gros, isolés, rouges, à pécondule fort et court; noyau très gros, carré, avec une échancrure marquée, à sillons profonds. Fleurit 1er avril. Espèce un peu tardive.

Limi. — Existe à Teboursouk, Soliman.

Feuilles longues de 7 à 8 centimètres, étroites, vert foncé en dessus, blanches en dessous, obtuses, brusquement acuminées. Fruits gros, isolés, rouges, ovales, recourbés, avec une légère pointe; pécondule fort de 1 à 1 centimètre 1/2; noyau obtus inférieurement, en pointe à la partie supérieure. Fleurit 1er avril.

Ressassi (Pl. 4, fig. 8). — Environs de Tunis, Mornag.

Feuilles de 5 à 6 centimètres, courtes et larges, d'un vert foncé. Fruits gros, ovales, le plus souvent isolés, roses, avec un léger bec recourbé; pécondule moyen de 1 à 2 centimètres; noyau très régulier, terminé en pointe inférieurement. Fleurit en mars.

Gordhane. — Forêts de Zaghouan et de Tebourba.

Feuilles longues de 7 à 8 centimètres, épaisses, vert foncé en dessus, blanches en dessous. Fruits gros, isolés, ovales, allongés, pendants, d'un noir brillant à la maturité; pédoncule de 1 à 2 centimètres; noyau gros, court, à sillons apparents, échancré au sommet. Fleurit en mars, mûrit fin novembre.

Saïali (Pl. 5, fig. 9). — Variété que l'on rencontre dans tout le nord de la Tunisie, mais en petite quantité.

Feuillage clair, feuilles moyennes, de 6 centimètres, étroites, vert glauque en dessus, verdâtre en dessous. Fruits moyens, isolés, légèrement recourbés, à pointe à peine apparente, de couleur violette à la maturité; noyau long, à pointe recourbée, sillons peu apparents. Fleurit 15 avril. Variété très précoce.

Saïali magloub. — Environs de Tunis seulement et surtout au Mornag.

Feuilles plus courtes que la variété précédente, feuillage plus abondant. Fruits moins longs, sans pointe; pécondule de 2 à 3 centimètres, fort; noyau petit, court, à pointe droite. Fleurit et mûrit à la même époque.

Nab-el-djemel (la dent du chameau) (Pl. 5, fig. 10). — Existe dans toutes les olivettes de la Tunisie. Cette variété doit être ancienne et très bien fixée; on la retrouve même au milieu des oliviers sauvages.

Feuilles courtes de 4 à 5 centimètres, vert foncé, obtuses, grisâtres en dessous, feuillage épais, arbre très vigoureux. Fruits moyens, allongés, ovales, sans pointe, souvent disposés en grappes par deux et trois; pécondule de 2 centimètres, gros; noyau long, mince, terminé en poire, à sillons nuls. Olives restant longtemps vertes, sera massant en octobre pour saler. Fleurit 1er mai, mûrit fin novembre.

Souaba-el-aldjia (le doigt de l'esclave) (Pl. 7, fig. 14). — Assez commune en Tunisie, mais surtout dans le nord.

Feuilles courtes et larges, d'un vert glauque en dessus, verdâtres en dessous. Fruits moyens, allongés, renflés à l'extrémité inférieure et recourbés, disposés en grappes souvent très fortes, verts et roses, portés par un pédoncule long et fort; noyau gros, renflé à la base, allongé, à sillons bien marqués. Fleurit en avril et mûrit en novembre.

Olives à huile. — *Chetoui* (Pl. 6, fig. 11). — Variété très commune dans tout le nord de la Tunisie: Tunis, Soliman, Tebourba, Bizerte, Grombalia, où elle entre pour les deux tiers au moins dans la composition des olivettes.

Feuilles courtes, de 4 à 5 centimètres, vert foncé à la face supérieure, blanchâtres en dessous. Arbre vigoureux. Fruits petits, ovales, réguliers, sans pointe, souvent en grappes, verts et roses en novembre, devenant d'un beau noir luisant à la maturité qui a lieu en décembre et janvier; pédoncule de 1 à 1 centimètre 1/2; noyau petit, pointu, avec pointe à la base, rond supérieurement. Fleurit en avril et mai.

Chemlali de Tunis (Pl. 6, fig. 12). — Variété assez abondante dans les forêts de Tunis et en particulier au Mornag, mais qui n'a aucun rapport avec le chemlali du Sahel et de Sfax.

Feuilles de 5 à 6 centimètres, d'un vert foncé en dessus, blanc verdâtre en dessous. Fruits petits, mais beaucoup plus gros que ceux du chemlali de Sfax, ovales, vert clair, sans pointe, en grappes de trois à quatre fruits; noyau petit, très fin, sans sillons, avec pointe recourbée. Fleurit en avril. Maturité tardive.

Chemlali de Sfax. — Variété très répandue dans tout le Sahel et la région de Sfax, où elle occupe les quatre cinquièmes des olivettes et est réputée pour donner la meilleure huile.

Feuilles courtes, de 4 à 5 centimètres, de largeur moyenne, d'un vert foncé en dessus, très blanches en dessous, ce qui donne à l'arbre un aspect argenté lorsque ses branches sont agitées par le vent. Fruits petits, ovales, à pointe peu apparente, souvent de grosseur irrégulière, disposés en grappes, devenant d'un beau noir brillant à la maturité; noyau très petit, lisse, ovale régulier, à pointe inférieure à peine sensible. Fleurit février à mars.

Rajou (Pl. 7, fig. 13). — Variété assez répandue dans les forêts de Tunis, Soliman, Tebourba, Bizerte.

Feuillage clair, feuilles de 6 à 7 centimètres, étroites, d'un vert clair en dessus, verdâtres en. dessous. Fruits petits, verts et roses, ovales, allongés, à bec très recourbé, disposés en grappes; pédoncule court; noyau long, pointu à la base, sillons apparents. Fleurit en avril, tardif.

Drassi. — Variété commune dans les forêts de Teboursouk et du Kef. Feuillage assez abondant, feuilles courtes et larges, d'un vert clair en dessus, verdâtres en dessous. Fruits petits, ovales, légèrement recourbés, en grappes de trois à quatre fruits, d'un violet brillant à la maturité; noyau petit, long, en forme de poire, à sillons apparents. Fleurit et mûrit en même temps que le rajou.

Chaïbi. — Très répandue à Soliman et à Bizerte, où elle remplace le chetoui dont elle diffère cependant par la forme du fruit qui est légèrement recourbé.

Feuillage dense, feuilles courtes, de 4 à 5 centimères, ovales, vert foncé, courtement acuminées, blanchâtres en dessous. Fruits petits, ovales, légèrement recourbés, à pointe peu apparente, souvent géminés et longuement pédonculés; noyau très long, à pointe recourbée. Fleurit en avril et mûrit en novembre.

Regragui ou *Djerbouaï* (Pl. 8 fig. 15). — Assez commune au Kef, Nebeur, Teboursouk. Bien que les Arabes désignent cette variété sous deux noms différents, il est impossible d'établir une distinction dans les arbres ainsi désignés diversement.

Feuilles longues de 7 à 8 centimètres, très étroites, vert clair en dessus, verdâtres en dessous. Fruits moyens, presque ronds, avec légère pointe, souvent réunis en grappes de deux ou trois fruits; pédoncule de 2 à 3 centimètres; noyau court, ovale, presque rond, à sillons apparents. Fleurit en mars, assez précoce, d'un rouge foncé, peut servir à la table et à la fabrication de l'huile.

El-horr (la pure). — Très répandue dans la forêt d'El-Ala, ressemble beaucoup à la variété kalb es serdouk, mais a le feuillage beaucoup moins fin et le fruit moins long et moins recourbé.

Feuilles courtes, de 4 centimètres, larges, d'un vert foncé en dessus, vert clair en dessous. Fruits petits, ovales, recourbés, avec une pointe sur le côté, souvent en grappes par trois et quatre fruits, d'un noir brillant à la maturité; noyau long, terminé en pointe à ses deux extrémités, très fin, sans sillons. Fleurit fin mars, murit du 1er au 15 novembre.

El-guim (la greffe). — Compose avec la variété précédente la forêt d'El-Ala. Cette variété n'est autre que le «zebouz» ou olivier sauvage, sur lequel on a implanté par la greffe une variété dite El-Guim (la greffe), dont les Arabes ne connaissent ni le nom ni l'origine.

Feuilles de 5 à 6 centimètres, étroites, vert clair en dessus, vert pâle en dessous. Fruits petits, presque ronds, sans pointe, souvent géminés, d'un violet terne à la maturité; pédoncule fin et court; noyau petit, ovale régulier, très fin, sans sillons. Même floraison et même maturité que l'el horr.

Sahali. — Cet arbre qui est très abondant dans les forêts de Soliman et de Tebourba, ressemble un peu au chemlali.

Feuilles courtes, de 4 à 5 centimètres, vert foncé en dessus, très blanches en dessous, et très acuminées. Fruits très petits, ovales, noirs, pruinés à la maturité, de grosseur irrégulière, disposés en grappes par deux et trois fruits; pédoncule long et fin; noyau très gros, recourbé en pointe, à sillons très marqués. Fleurit en mars, mûrit fin novembre.

Barouni de Soliman. — Bien que portant le nom du barouni de Kalâa-Srira, cette variété en diffère complètement par la forme de ses fruits; elle est commune dans la forêt de Soliman.

Feuilles longues, de 6 à 7 centimètres, étroites, d'un vert clair en dessus, blanches en dessous, brusquement acuminées. Fruits petits, ovales, recourbés, d'un blanc verdâtre, se colorant insensiblement en rose pour devenir noir brillant à la maturité, disposés en grappes, longuement pédonculés; noyau fin, allongé, sans sillons, pointu à ses deux extrémités. Fleurit en avril, mûrit tard.

Aïn-el-djerana (l'œil de la grenouille). — Variété répandue seulement dans les forêts de Bizerte, Menzel-Djermil, Menzel-Abderrahmane.

Feuillage dense, feuilles courtes, de 4 à 5 centimètres, courtement acuminées, vert foncé en dessus, verdâtres en dessous. Fruits moyens, presque ronds, terminés en légère pointe, d'un vert teinté de rose, souvent géminés; pédoncule court; noyau allongé en pointe, un côté droit, l'autre recourbé, à sillons très marqués. Fleurit en mars. Fruits utilisés également pour l'huile et les conserves.

Menkar-er-ragma (le bec du vautour) (Pl. 8, fig. 16. — Cette variété se rencontre dans les mêmes forêts que la précédente.

Arbres à feuillage très dense, feuilles longues, de 6 à 7 centimètres, larges, vert clair, se terminant en pointe. Fruits moyens, obovales, se recourbant en pointe très marquée, souvent géminés, d'un beau brillant à la maturité, qui est très précoce, n'ont aucune amertume et peuvent se manger sans préparation; noyau très long, mince, à pointe en bas très prononcée, sillons peu apparents. Fleurit de très bonne heure, en février.

Kalb-es-serdouk (le cœur de coq). — N'existe qu'à Feriana.

Feuilles fines, courtes, de 4 centimètres, étroites, d'un vert foncé en dessus, blanc verdâtre en dessous. Fruits petits, obovales, sans pointe, mais très recourbés, en grappes serrées, portées par un long pédoncule et devenant d'un beau noir brillant à la maturité; noyau petit, très fin, lisse, sans pointe inférieurement. Fleurit en février. Précoce et d'un bon rapport comme huile.

Foudji. — Cet arbre n'existe qu'à Gafsa et Feriana et en particulier dans l'oasis du Kiss.

Feuilles courtes de 4 à 5 centimètres, larges, vert brillant en dessus, vert clair en dessous. Fruits moyens, ovales, très réguliers, d'un beau rouge, souvent géminés, pointe peu apparente; pédoncule court, de 1 centimètre; noyau court, renflé, à deux pointes recourbées, sillons apparents. Fleurit en mars.

Roumi. — Variété assez rare, dont on rencontre quelques spécimens dans les forêts de Tunis, Bizerte, Teboursouk.

Feuillage très clair, feuilles peu nombreuses, longues, de 6 centimètres, très larges, obtuses, constamment acuminées, d'un vert brillant en dessus, blanches en dessous. Fruits petits, isolés, ovales, très réguliers, presque ronds, sans pointe, souvent géminés, à long pédoncule d'un noir brillant à la maturité; noyau moyen, presque lisse, à pointe recourbée. Variété tardive. Fleurit en avril.

Gafsi. — Variété que l'on rencontre dans les oasis de la région de Tozeur et aussi à Tunis, dans le Mornag.

Feuillage dense, feuilles moyennes, de 5 à 6 centimètres, larges, vert clair en dessus, blanc verdâtre en dessous. Fruits moyens, obovales, à pointe très marquée, le plus souvent isolés, d'un rose foncé à la maturité; pédoncule de 1 centimètre; noyau très caractéristique, en forme de dent renversée. Variété tardive, ne mûrit à Tozeur que fin novembre.

Mâasri. — Variété n'existant que dans les oasis de Tozeur.

Feuilles petites, de 4 à 5 centimètres, étroites, longuement acuminées, vert clair en dessus, blanc verdâtre en dessous. Fruits moyens, obovales, presque toujours géminés, restant verts jusqu'en décembre, devenant roses à la maturité; pédoncule de 2 à 3 centimètres; noyau fin, ovale, sans sillons apparents.

Arbi. — Variété n'existant également qu'à Tozeur.

Feuillage très clair, feuilles longues de 6 à 7 centimètres, larges, brusquement acuminées, vert clair en dessus, blanc verdâtre en dessous. Fruits moyens, obovales, avec légère pointe sur le côté, le plus souvent isolés, d'un violet pruiné à la maturité qui est tardive; pédoncule fin, de 2 centimètres; noyau gros, pyriforme, à pointe recourbée, sillons marqués.

Chemlali de Gafsa. — Variété n'ayant aucune ressemblance avec les chemlali de Tunis et de Sfax.

Feuillage clair, feuilles moyennes, épaisses, larges, vert clair en dessus, d'un blanc verdâtre en dessous. Fruits moyens, obovales, presque sans pointe, violets, très pruinés à la maturité qui est tardive; pédoncule de 1 à 2 centimètres; noyau se rapprochant beaucoup de l'espèce précédente, mais presque lisse, sans sillons.

Khadraya. — N'existe qu'à Gafsa, où il a été introduit du djebel Majorah.

Feuilles moyennes, de 6 à 7 centimètres, assez larges, vert grisâtre en dessus, vert clair en dessous. Fruits moyens, ovales, en grappes souvent très fortes, à pédoncule long et fin; noyau ovale, régulier, à pointe peu marquée. Variété très précoce donnant beaucoup d'huile.

Djerbi. — Variété de l'oasis de Gabès, introduite sans doute de l'île de Djerba.

Feuilles courtes, de 4 à 5 centimètres, larges, brusquement acuminées, vert foncé en dessus, verdâtres en dessous. Fruits petits, presque ronds, sans pointe, d'un rouge clair à la maturité; pédoncule court; noyau petit, presque rond, sans sillons. Fleurit en mars, maturité moyenne.

Melouhi. — Variété ne se trouvant également que dans l'oasis de Gabès.

Feuilles longues, de 7 à 8 centimètres, larges, d'un vert très foncé en dessus, blanc verdâtre en dessous; feuillage clair. Fruits gros, allongés, terminés en pointe très marquée et recourbée, le plus souvent isolés; pédoncule court et gros; noyau moyen, très long, à pointe inférieure allongée et aiguë. Fleurit en mars, maturité tardive. Olive pour conserve et pour l'huile.

Djâl. — Variété qui ne se rencontre qu'à Feriana et El-Ala.

Elle paraît voisine du zebouz, mais elle donne une huile de première qualité, feuillage et fruits se rapprochant beaucoup du nab el djemel.

Feuilles longues, de 5 à 6 centimètres, de largeur moyenne, vert clair en dessus, vert blanchâtre en dessous. Fruits très petits, obovales, très nombreux, disposés en grappes serrées et à long pédoncule, violets à la maturité qui est tardive; noyau moyen, pyriforme, très recourbé.

Zebouz de Tunis. — Variété d'olivier sauvage existant dans le nord de la Tunisie et donnant des olives assez grosses qui, sur bien des points, sont ramassées par les Arabes pour en faire de l'huile qui est de première qualité, mais très peu abondante. La pulpe est peu épaisse, le noyau très gros. Lorsque le zebouz se trouve dans un endroit frais ou irrigué, il peut donner un certain produit.

Feuilles courtes, de 3 à 4 centimètres, vert foncé en dessus, très blanches en dessous, feuillage abondant. Fruits petits, se rapprochant beaucoup de ceux du chetoui, d'abord verts, puis devenant noir foncé à la maturité qui est tardive; grappes portées par un long pédoncule et composées de fruits nombreux.

Zebouz-bou-Souid.— Cet olivier sauvage se rencontre dans les forêts du centre, à Kairouan, El-Ala. Ses feuilles sont un peu plus longues que celles de la variété précédente, mais ont la même couleur. Les fruits, très noirs à la maturité, sont disposés en grappes très longues et très fournies; ils ne sont jamais ramassés.

Il serait intéressant de connaître pour chacune des variétés le rendement en huile, et la qualité de cette huile.

M. Bertainchand, directeur du Laboratoire de Chimie de la Direction de l'Agriculture et du Commerce, a publié un premier travail à ce sujet;(1) il a déterminé la quantité d'acides gras contenus dans un certain nombre de variétés d'olives.

Le tableau suivant résume ce travail:

Origine	Variétés	Acides gras pour cent
Menzel-bou-Zelfa	Chetoui	95,17
Mornag	—	95,22
Sfax	Chemlali	95,63
Soliman	—	95,65
El-Oudiane	Hobb reguig ou regragui	95,41
—	Nab-el-Djemel	95,25
Djerba	Chemlali	95,70
Monastir	Zarazi	95,51
Gafsa	Sahali	95,53
—	Foudji	95,84
El-Ala	El-Horr	95,51
—	El-Guim	95,20

M. Bertainchand a continué ses recherches sur les huiles, en collaboration avec MM. Milliau et Malet.(2) Les résultats de ces recherches sont consignés dans le tableau suivant:

Origine	Variétés		Densité	Acides fluides	Acides concrets
Bizerte	Chaïbi	(1re pressée)	0,9180	83,90	16,10
—	Saïali	—	0,9180	84,70	15,30
—	Rajou	—	0,9170	84,80	15,20

(1) *Rapport sur les principales variétés d'olives et d'huiles de Tunisie*, par M. Bertainchand. Tunis, 1896.

(2) *Rapport sur les Huiles d'olive de Tunisie*, par MM. Milliau, Bertainchand et F. Malet. Tunis, 1900.

Origine	Variétés		Densité	Acides fluides	Acides concrets
Tunis	Chetoui (1re pressée)		0,9181	83,20	16,80
Sousse (Kalaà-Kebira).	Chemlali	—	0,9180	76,20	23,80
Sfax..................	—	—	0,9190	75,00	25,00
Gafsa	Foudji	—	0,9183	82,10	17,90
—	Nab-el-Djemel,	—	0,9179	86,20	13,80
—	Chemlali	—	0,9176	82,60	17,40

Climat et sol

CLIMAT. — ALTITUDE. — L'olivier est un arbre essentiellement méditerranéen, c'est-à-dire qu'il ne donne de bons produits que dans les régions qui avoisinent le bassin de la Méditerranée. C'est là qu'il trouve une température modérée, plutôt chaude, et une faible humidité. Il craint le froid et ne résiste pas à une température de —7 à—8°, surtout quand le froid dure quelque temps; il redoute le verglas. Dans les climats très chauds, à La Réunion, à Madagascar, à Saint-Domingue, il atteint de grandes dimensions, mais ne fructifie pas. En somme, sa culture, pour réussir, ne doit être tentée qu'entre le 29° (îles Canaries) et le 45° (Ardèche).

L'altitude à laquelle il peut être cultivé varie suivant le climat et l'exposition. En France, il ne peut guère dépasser 400 à 600m, tandis qu'en Italie, en Espagne, il s'élève à 800m et peut donner encore d'excellents produits en Afrique à 1.000 et 1.300m.

Il exige pour mûrir une somme de chaleur de 4.000 à 4.500°.

SOL. — EXPOSITION. — On peut dire que tous les terrains conviennent à l'olivier, à la condition qu'ils soient perméables et non humides. Ce sont les terres argilo-calcaires qui donnent les produits de meilleure qualité. La nature du sol à préférer pour la culture de cet arbre varie du reste suivant les climats; il en est de même de l'exposition. En France, on recherche les terrains pierreux, chauds, bien exposés; en Afrique, au contraire, on doit donner la préférence aux sols qui se maintiennent frais le plus longtemps possible et, au lieu de rechercher l'exposition au midi comme en France, on choisit l'exposition nord. Si on examine l'ensemble de la région occupée par la culture de l'olivier, on remarque qu'elle se déroule dans un immense cirque dont la partie externe est bordée par des montagnes, tandis que la partie interne s'étend en pente douce jusqu'à la mer. En France, les montagnes abritent les oliviers contre les vents du Nord; en Tunisie, c'est l'inverse.

On choisit généralement les mauvais terrains pour la culture de l'olivier; il ne faut pas en conclure que cet arbre ne viendrait pas dans les sols profonds, substantiels et meubles; il y donnerait, au contraire, des produits abondants; mais, le plus souvent, on les réserve pour des cultures plus intensives et à produits plus rémunérateurs à cause du prix élevé de ces terres et de leur fermage. Cependant, en Tunisie, surtout dans le Sud, on consacre à l'olivier les meilleures terres, parce que, dans ces régions, c'est la seule culture lucrative.

Aire de Culture

FRANCE. — Autrefois, l'olivier était cultivé sur une surface beaucoup plus grande qu'aujourd'hui; sa culture remontait dans le Nord; on le trouvait même en Angleterre, en Irlande, dans le Nord de la France, où quelques spécimens sont encore debout. Il y a quelques années, on le cultivait encore dans l'Isère et l'Ariège; mais, aujourd'hui, la zone qui lui est consacrée se resserre de plus en plus sur les bords de la Méditerranée, par suite de la modification des circonstances économiques et peut-être du climat. Autrefois, les moyens de transport étaient difficiles et coûteux, et comme l'huile tient une très grande place dans l'alimentation, chaque région tenait à posséder des arbres à huile. Aujourd'hui, il y a des routes et des chemins de fer un peu partout; l'huile se transportant facilement, on a restreint sa production aux seuls pays où elle est économique et moins sujette aux aléas, maladies, gelées, etc. D'un autre côté, les graines exotiques oléagineuses sont venues faire une grande concurrence à l'olivier; il en est résulté une dépréciation dans les cours et on a songé à remplacer cette culture, devenue peu avantageuse, par d'autres à produits plus rémunérateurs. On a arraché l'olivier dans les bonnes terres pour lui substituer la vigne, ne laissant à l'olivier que les coteaux pierreux, secs et arides.

Aussi, en vingt-six ans, de 1866 à 1892, la surface consacrée à cet arbre est tombée de 152.000 à 125.000 hectares, soit une diminution de plus de 20 %. Heureusement pour l'olivier, le phylloxera est venu arrêter l'engoûment pour la vigne; on a cessé d'arracher les arbres, mais les bonnes terres étaient à jamais consacrées au vignoble, et l'olivier reste confiné dans les sols les plus pauvres. Cependant, la production de l'huile représente un chiffre élevé (32 millions de francs en moyenne) et, d'autre part, la culture de l'olivier s'associe très bien avec celle de la vigne au point de vue des travaux qu'on applique aux deux plantes : les labours, la taille, la récolte se font, pour le premier, à des moments où la vigne peut se passer de façons culturales. En général, en France, l'olivier est mal ou pas du tout cultivé; on ne le taille ni on ne le fume; aussi, il est envahi par les maladies cryptogamiques et les insectes, toujours plus abondants sur les arbres souffreteux que sur ceux qui ont de la vigueur.

ESPAGNE. — PORTUGAL. — En Espagne, l'olivier est cultivé sur une grande étendue (1.153.820 hectares), mais sa culture est encore bien plus négligée qu'en France ; la production à l'hectare est très faible, et l'huile est de mauvaise qualité. En Portugal, il y en a 50.000 hectares, aussi mal soignés qu'en Espagne. Cependant, ces deux pays offrent des terres et des conditions climatériques éminemment propres à cette culture.

Italie. — L'Italie, qui forme une sorte de coin au milieu de la Méditerranée, se trouve dans des conditions exceptionnelles pour la culture de l'olivier. Pendant quelques années, de 1874 à 1894, la surface qui lui était consacrée s'est élevée de 895.000 à 1 million d'hectares ; mais, depuis cette époque, les maladies, les insectes, la mouche surtout ont envahi les arbres et aujourd'hui on arrache. En Ligurie, 2.000 hectares ont été arrachés en deux ans. La production néanmoins s'élève encore à 255 millions ; elle fait une très grande concurrence à l'huile française ; les huiles de Bari et de Toscane, où la culture est plus soignée et où la cueillette se fait à la main, sont les plus renommées.

Autriche. — L'Autriche n'a que 47.000 hectares d'oliviers : elle ne se suffit pas.

Turquie. — Syrie. — Asie Mineure. — Grèce. — L'Asie Mineure, la Syrie, la Turquie, qui ont été le berceau de l'olivier, ont été à peu près dévastées par les Turcs, qui ont arraché ou brûlé les arbres : il en est de même de la Tripolitaine et des bords de la mer Rouge. Cependant, la Grèce moderne et la Thessalie paraissent disposées à s'adonner à cette culture ; actuellement, 300.000 hectares sont replantés dans la Grèce moderne.

Algérie. — L'Algérie, au moment de la conquête, était absolument ravagée ; on n'y trouvait presque plus d'oliviers ; mais, depuis, on en a planté beaucoup. De 1.690 hectares existant en 1882 la surface plantée a atteint 65.000 en 1892. La quantité d'huile exportée par notre colonie s'est élevée à 1.192.197 kilos en 1897.

Tunisie. — La Tunisie avait été moins dévastée que l'Algérie ; malheureusement, les envahisseurs n'avaient respecté que les parties où l'olivier se trouve dans les moins bonnes conditions. Mais, depuis l'occupation, les plantations ont fait de grands progrès. Dans la seule région de Sfax, elles s'étendent sur près de 200.000 hectares ; Sousse compte 4 millions d'oliviers, Tunis et Grombalia autant ; mais on est encore loin d'avoir planté en oliviers tout le terrain qui est susceptible de l'être. On peut sans exagérer estimer cette surface à 1 million 1/2 d'hectares, qui, pouvant être acquis actuellement à très faible prix, vaudront au bout de quinze ans 5 à 600 francs l'hectare.

L'huile de Tunisie n'acquitte pas de droit de douane à son entrée en France, tout au moins pour une quantité qui est déterminée, chaque année, suivant les prévisions de l'importance de la récolte. Elle acquitte à l'exportation de Tunisie un droit de sortie de 6 francs les 100 kilos. On exporte en moyenne 10 millions de kilos d'huile par an.

Multiplication de l'olivier

Bien qu'un seul procédé, en dehors du greffage, soit employé en Tunisie pour la multiplication de l'olivier, il est néanmoins nécessaire d'étudier les différents moyens auxquels on peut avoir recours pour propager l'espèce; ces moyens sont: le semis, le marcottage, le bouturage, la plantation d'éclats ou souquets et le greffage.

Semis. — Le semis est un procédé très lent, mais qui donne des arbres à racines très régulières, pivotantes, abondantes et offrant plus de chances à la reprise. Quand on veut faire un semis d'olivier, on choisit des olives à gros noyau et à pulpe peu épaisse : les zebouze en particulier. Si on confiait au sol les fruits tels qu'on les ramasse, il leur faudrait au moins deux ans pour germer, et encore cette germination ne se produirait que sur un petit nombre, à cause de la matière huileuse dont les noyaux sont recouverts. Il faut donc, au préalable, les débarrasser du mésocarpe. Un excellent moyen consiste à les faire manger à des volailles : canards ou oies, dans l'estomac desquels la pulpe est digérée; mais ce moyen n'est pas à la portée de tout le monde et on y arrive plus simplement en faisant macérer les olives pendant quelques jours dans un baquet d'eau. La pulpe se décompose; on prend alors les olives et on les frotte entre deux briques, qui finissent d'enlever la pulpe. Pour les dégraisser complètement, on les fait tremper dans une lessive contenant de la chaux ou de la potasse ; on les lave à grande eau et on peut les semer. Ce semis a lieu en octobre et la levée se produit en mars. On peut encore hâter la levée en écrasant légèrement les noyaux, mais on risque de casser l'amande; on peut aussi couper avec un sécateur l'extrémité du noyau. Quand on emploie un de ces deux derniers moyens, on peut ne semer qu'au printemps et la levée a lieu trente à quarante jours après. Le semis se fait en lignes à 0^{m} 20 ou 0^{m}25 en tous sens et à 0^{m} 05 de profondeur dans une terre de pépinière, c'est-à-dire bien fumée et bien préparée. Pendant la végétation, on doit donner des soins nombreux et des bassinages modérés. Il ne faut pas oublier que l'olivier est destiné à occuper des terrains secs; il serait donc imprudent de l'habituer à trouver dans le sol de l'eau à discrétion.

Au printemps suivant, a lieu une première transplantation en lignes plus espacées, et on donne aux jeunes plants les mêmes soins.

Les arbres ainsi obtenus peuvent être greffés sur place la 3e année ou mis à demeure avant cette opération.

En France, on trouve quelquefois dans les bois d'oliviers, ou plutôt dans les buissons au milieu des olivettes, des jeunes plants provenant de semis ; on peut les arracher avec précaution, les mettre en pépinière ou à demeure et les greffer. En Kroumirie, on en rencontre aussi dans les endroits frais, au milieu des cactus, dans les buissons.

Marcottage. — Le marcottage est quelquefois employé en Tunisie, en particulier dans les environs de Sousse, à Ksourcef, Djemal, etc. Il consiste à recouvrir de terre les souches d'oliviers : on soumet les arbres à une sorte de buttage. Les rejets partent de la motte de terre ; on en conserve un ou deux ; le pied de ces rejets se garnit de racines et on les met en place en mottes, autant que possible. Le greffage est inutile. Ce système est assez bon, mais il épuise le pied mère ; de plus, la reprise n'est assurée qu'à la condition de pouvoir arroser. Du reste, d'une manière générale, en Tunisie, toutes les transplantations de sujets racinés ne sont pas à recommander, lorsqu'on opère en grand, parce que l'arrosage doit être fréquent et occasionne beaucoup de frais.

Bouturage. — Le bouturage réussit très bien en France. Il supprime également le greffage, mais il demande beaucoup de soins, de l'arrosage et la mise en pépinière : on retombe alors dans l'inconvénient de la transplantation. Il faut choisir les boutures sur des arbres sains, vigoureux, productifs, prendre des branches de deux à trois ans, de 0^m01 à 0^m03 de diamètre et de 0^m25 de longueur, dont on supprime les ramifications. Ces boutures sont mises en pépinière en lignes à 0^m50 en tous sens et on les met en place la troisième ou quatrième année, au moment où la taille devient nécessaire. En France, on ne les met dans les olivettes qu'à la douzième année, alors que l'arbre est formé : c'est attendre bien longtemps la production des fruits.

On peut, comme pour la vigne, faire des boutures en crossettes, c'est-à-dire laisser à la bouture un peu de vieux bois, ce qui facilite l'émission des racines, mais on mutile ainsi inutilement les arbres sur lesquels on prend les boutures.

On peut enfin faire des boutures par ramées : on couche dans le sol une branche dont on conserve les rameaux ; chacun d'eux se transforme en jeunes plants : c'est un peu la marcotte chinoise appliquée au bouturage.

Plantation par éclats ou souquets. — Le pied de l'olivier présente à sa base de nombreux renflements ou nœuds à fibres contournées d'où partent sans cesse de nombreux rejets ; cette propriété est très utilisée en Tunisie pour la multiplication de l'olivier ; on évite ainsi le greffage et on peut propager à volonté telle ou telle variété. Pour se procurer ces éclats ou souquets, on peut procéder de deux manières : ou arracher complètement l'arbre et prendre tous les éclats qu'il peut donner, ou ne prendre sur les arbres existants qu'un certain nombre d'éclats, 2 à 3, de manière à ne pas les fatiguer. Ces éclats sont enlevés à la scie et on pare ensuite les plaies de l'arbre et celles des souquets au moyen de la serpette ou de l'herminette. On peut enlever un éclat à un arbre sans trop le fatiguer; pour cela, lorsqu'on a fait choix de la portion de racine que l'on veut enlever, on la dégage, puis, au moyen d'une hachette, on fait sur cette racine deux entailles à 0m 20 ou 0m 25 l'une de l'autre, suivant la longueur que l'on veut donner à l'éclat. Ces entailles ne sont faites que jusqu'à la moitié de l'épaisseur de la racine. Ceci fait, on introduit la panne de la pioche dans l'entaille supérieure, et on fait une pesée pour enlever l'éclat. On obtient ainsi un demi-cylindre constituant un excellent souquet, et la racine de l'arbre continue à remplir ses fonctions. Les éclats doivent avoir une grosseur suffisante (1 à 2 kilos) et ne pas renfermer de bois pourri. Ils fonctionnent à la manière des pommes de terre; ils constituent une réserve d'aliments pour les jeunes plants et la vitalité de ceux-ci sera d'autant plus remarquable et durable que les éclats seront plus sains et plus volumineux. Leur grosseur variera évidemment avec le climat et la nature du sol, et augmentera avec la sécheresse de l'un et de l'autre. Ce sont les yeux souterrains qui donnent les meilleurs résultats, parce que le bois est moins dur, moins dense et que, par suite, les germes sortent mieux. Si les éclats possèdent des racines, il est bon de les supprimer. On a conseillé de mettre ces éclats en pépinière et de ne les planter que lorsque la tige et les racines sont formées; ce système est mauvais par suite des inconvénients de la transplantation et de l'arrosage rendus nécessaires. Tout au plus, lorsqu'on est en possession d'une très grande quantité d'éclats, peut-on les mettre en stratification dans du sable humide; mais il ne faut pas qu'ils y restent trop longtemps. Nous verrons en parlant de la plantation comment ces éclats se mettent en place et quels soins on doit leur donner.

Greffage. — Le greffage n'est pas employé pour la multiplication de l'espèce, mais pour le changement de la variété et surtout pour transformer les oliviers sauvages ou de mauvaise nature en oliviers de rapport. Naturellement, tous les oliviers provenant de semis doivent être greffés.

Quatre procédés peuvent être employés pour le greffage de l'olivier: la greffe en écusson simple, la greffe en écusson par rameau, la greffe en fente et la greffe en couronne (peut-être la greffe en flûte).

Greffe en écusson. — La greffe en écusson est celle qui est la plus pratiquée et qui réussit le mieux sur les sujets de grosseur moyenne (2 à 3 centimètres de diamètre au maximum). On prend les greffons sur des rameaux ayant porté des fruits et dans la partie moyenne de ces rameaux, qui doivent être vigoureux et sains.

L'œil est enlevé au moyen de deux entailles pratiquées, l'une en dessus, l'autre en dessous, et à $0^m 01$ de chaque côté. En détachant l'écusson, il faut avoir soin de laisser un peu d'aubier sous l'œil. On fait ensuite sur le sujet une entaille en T au point où l'on veut pratiquer la greffe, puis, soulevant avec le greffoir les lèvres de l'entaille, on y introduit le greffon de haut en bas; on rabat les deux écorces sur le greffon et on ligature solidement avec du raphia ou de la laine. Quand le sujet est gros, on le rabat à quelques centimètres au-dessus de la greffe; s'il est petit ou moyen, on lui laisse une petite branche d'appel que l'on supprime au niveau de la greffe, aussitôt que celle-ci est bien reprise. Cette section doit être faite en biseau, pour que les bourrelets cicatriciels viennent bien recouvrir la plaie. Pour faciliter la reprise de l'écusson, quand on conserve une branche d'appel, il est bon de lui enlever un petit anneau d'écorce au-dessus de la greffe.

On peut faire la greffe en écusson à œil dormant en septembre ou octobre ou à œil poussant de mars à mai.

Greffage par rameau. — Au lieu d'employer un simple écusson, on peut se servir d'un rameau ayant deux ou trois yeux; on le coupe en biseau très effilé et on l'insère entre le bois et l'écorce du sujet, comme l'écusson; on ligature ensuite. Cette manière d'opérer est surtout pratiquée en France.

Greffe en fente.—Pour les arbres d'un certain âge, ayant $0^m 07$ à $0^m 10$ de diamètre, on peut employer la greffe en fente. Le sujet est coupé horizontalement à la hauteur voulue ($1^m 50$ à 2^m); on le fend verticalement sur une petite longueur au moyen d'une serpe ou d'un couteau et on introduit dans la fente deux greffons taillés en double biseau, en ayant soin de faire coïncider les couches génératrices. Pour être plus sûr d'obtenir ce résultat, on incline légèrement les greffons en dedans ou mieux en dehors; on ligature solidement et on enduit la plaie avec un mastic quelconque. Ce genre de greffage, qui réussit très bien en France, ne donne pas en Tunisie d'aussi bons résultats, par suite de la contraction des fibres résultant de la chaleur.

Greffage en couronne.— Ce procédé donne de bien meilleurs résultats que le greffage en fente, aussi est-il préféré pour le greffage des vieux oliviers. Ceux-ci sont coupés à une hauteur variable de $1^m 50$ à 2^m, et autour de la section on insère un certain nombre de greffons (deux à quatre). Il ne faut pas qu'ils soient trop rapprochés, parce qu'ils se gêneraient. Les greffons sont taillés en biseau mince, et d'un seul côté: ils sont choisis, comme pour la greffe en fente, sur des rameaux sains, vigoureux, ayant porté des fruits, et, autant que possible, dans leur partie médiane. On pourrait insérer simplement les greffons entre le bois et l'écorce, mais on s'expose à déchirer l'écorce, et cette déchirure pourrait avoir des inconvénients au point de vue de la soudure ; il est préférable de la fendre, avec une serpe, sur une longueur de 0m02 à 0m03, et c'est en face de cette fente que l'on introduit chaque greffon. On ligature ensuite solidement avec du raphia, puis on enduit la plaie avec un mastic quelconque. La formule suivante de mastic donne de bons résultats :

	Grammes
Cire d'abeilles	250
Poix de Bourgogne	250
Résine ou goudron de Norvège	250
Minium	150

En divisant le travail entre plusieurs ouvriers, l'opération va très vite. La reprise est pour ainsi dire assurée : il est rare que, sur deux greffons, il n'y en ait pas au moins un qui reprenne. Au bout de trois ans, on commence à avoir quelques fruits. Par ce mode de greffage à une certaine hauteur, on met les greffons hors de la portée des animaux de petite taille, chèvres et moutons; mais les vaches et chameaux peuvent encore les atteindre.

Le greffage en couronne offre plusieurs inconvénients : il est coûteux, car si on a affaire à des arbres âgés, on est obligé de ne les rabattre que sur du bois jeune, et par suite de leur laisser un grand nombre de branches à greffer; en second lieu, la tête est formée trop haut, ce qui rend la cueillette difficile; enfin, ce greffage de l'arbre à sa partie supérieure amène sur le tronc et les branches une production énorme de gourmands, que, pendant deux ou trois ans, on est obligé d'enlever, si on ne veut pas que la sève se porte dans ces gourmands, au détriment des greffons et des fruits.

Les Arabes préfèrent la greffe en écusson pour les oliviers sauvages ou les zitouns dégénérés, et plusieurs Français ont imité leur exemple. Voici comment ils procèdent : ils recèpent les vieux oliviers au niveau du sol; l'année suivante un certain nombre de rejetons partent de la souche, ils conservent le plus beau et coupent les autres au rez du tronc; puis ils greffent en écusson à 1 mètre du sol la tige conservée, ils coupent le rejet à 0m10 au-dessus, en laissant une branche d'appel, qu'ils suppriment aussitôt que le greffon est bien repris. La section doit se faire obliquement et aussi près que possible de la greffe, pour que le calus formé par le greffon vienne bien recouvrir la plaie. Si le greffon a été bien choisi sur des branches fructifères, on peut avoir des olives dès la deuxième année après le greffage. On a ainsi des arbres à écorce lisse et beaucoup plus vigoureux.

Plantation

Le mode de plantation de l'olivier diffère suivant les pays et l'espacement que l'on donne aux arbres.

Plantation en France.—En France, les pieds sont très rapprochés (10 mètres en moyenne); il faut alors préparer le terrain complètement avant la mise en place des plants provenant de semis greffés, des boutures ou des marcottes, les éclats n'étant employés qu'exceptionnellement. Les trous sont ouverts à l'avance, et les sujets sont mis en place sur un matelas de terre meuble de $0^{m}30$, sur lequel on étend les racines; on recouvre ensuite ces racines de bonne terre mélangée à du terreau ou du fumier bien décomposé; on tasse et on arrose pour faciliter la reprise du plant. Autour du jeune arbre, on laisse une petite cuvette destinée à faciliter les arrosages et à recevoir les eaux pluviales. La mise en place a lieu au printemps ou en automne, suivant que l'on a ou que l'on n'a pas à craindre les gelées.

Plantation en Tunisie. — Ainsi que nous l'avons vu, le seul mode de plantation usité en Tunisie est celui des éclats ou souquets. Généralement, cette plantation a lieu sur un terrain non défriché. La meilleure manière de procéder consisterait évidemment à cultiver le terrain pendant deux ou trois ans, pour le bien nettoyer et le purger des mauvaises herbes, puis à mettre les oliviers en place; mais, généralement, on est pressé de jouir de la récolte, et surtout lorsqu'on a affaire à une grande étendue, on procède immédiatement à la plantation des éclats, et on défriche ensuite.

Tracé. — La première opération est le tracé, qui doit se faire à l'équerre, de manière à avoir la plus grande régularité possible entre les plants. On peut adopter la plantation en carré ou celle en quinconce; cette dernière est bien préférable, parce que c'est celle où les racines ont le plus d'espace et où, par conséquent, on peut obtenir le plus de pieds à l'hectare. Lorsque le tracé est fait, on ouvre les trous; cette ouverture doit avoir lieu le plus longtemps possible avant la plantation, pour que la terre puisse s'aérer.

Trous.—On ne saurait donner aux trous de trop grandes dimensions; il faut, en effet, que, pendant leur premier développement, les racines des arbres trouvent un grand cube de terre pour pouvoir s'allonger sans rencontrer d'obstacle. A Sfax, certains planteurs se contentent de faire des trous carrés de $0^{m}30$ à $0^{m}40$ de côté: ces dimensions sont beaucoup trop faibles. Chaque trou doit avoir au moins deux tiers de mètre cube. Si on doit planter en novembre, on fait les trous en juin ou juillet, quelquefois même plus tôt, pour profiter de la fraîcheur de la terre, ce qui facilite le travail. Ces trous se font à la sape.

Époque. — L'époque la meilleure pour la plantation est le mois de novembre, parce que les éclats mis en place profitent du peu de pluie qui tombe en hiver. Dans le nord on peut planter beaucoup plus tard. Les plantations de février réussissent rarement, dans le Sud, ou, si elles réussissent la levée n'a lieu qu'à l'automne ou au printemps suivant.

Mise en place. — Pour procéder à la plantation, on rejette dans le trou 0m 30 de bonne terre, sur laquelle on dépose l'éclat, en ayant soin de mettre en dessus la partie mamelonneuse ou externe; on serre bien l'éclat contre la terre, et on remblaie en ne recouvrant l'éclat que de 0m 04 à 0m 05 de terre. Il reste donc au-dessus du plant une partie du trou libre, dont les parois sont très utiles pour donner un peu d'ombre aux jeunes pousses. Les racines sortent les premières: les yeux sortent ensuite. Au fur et à mesure que les rameaux s'élèvent, on remblaie la terre, mais on conserve toujours au niveau du sol une cuvette que l'on fait la plus grande possible pour recueillir les eaux pluviales. Si le terrain est en pente, on fait, du côté bas du bord de la cuvette, un bourrelet,

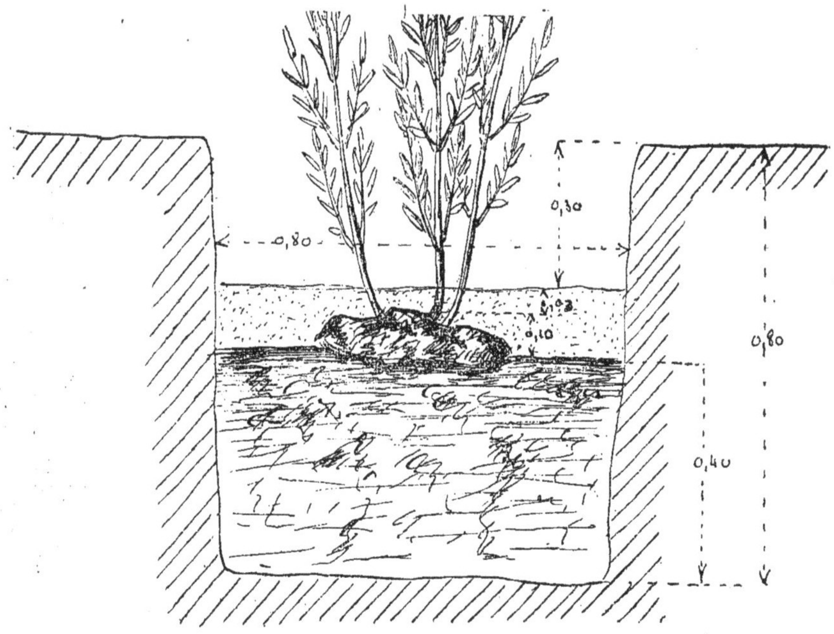

ÉCLAT D'OLIVIER QUELQUES MOIS APRÈS LA MISE EN PLACE

dont on ouvre les extrémités pour augmenter la quantité d'eau captée ainsi. Le remblaiement est complet au bout de trois ans. Lorsque la terre est suffisamment fraîche, la sortie des pousses a lieu au printemps suivant; mais il peut arriver que ce fait ne se produise qu'à l'automne ou au printemps qui suivent. Le plus souvent, il sort plusieurs rejets; on les conserve tous la première année; mais, l'année suivante, on ne conserve que les deux plus beaux, et on coupe les autres rez du tronc. La troisième année, on ne conserve que la plus belle tige.

ARROSAGES. — Si l'année est très sèche, il est bon de faire un ou deux arrosages, le premier en juin ou juillet, le deuxième en août ou septembre. On met trente ou quarante litres d'eau par pied, soit deux gargoulettes de vingt litres, que l'on transporte avec des bourriquots ou des chameaux. Dans les grandes exploitations, on se sert d'un tonneau, ce qui va beaucoup plus vite. Il faut bien se garder de faire subir aux jeunes oliviers aucune taille avant la quatrième année. Ils montent, quand on les élague du pied; le bouquet de feuilles qui se trouve à l'extrémité offre alors une grande prise au vent et les tiges s'inclinent. D'un autre côté, le développement radiculaire étant en raison directe du développement foliacé, on comprend que plus il y a de feuilles, plus l'arbre est vigoureux.

ECARTEMENT. — L'écartement varie suivant les régions et la nature du terrain. En France, les oliviers sont placés en carré ou en quinconce, à 10 mètres les uns des autres, et quelquefois moins; on arrive ainsi à des densités de 150 à 200 pieds à l'hectare. Lorsque la terre est fraîche, profonde et de bonne qualité, et que l'on fume, il est certain que ce mode de planter peut réussir; mais, en Tunisie, où il pleut rarement, où le sol est sec et où on ne fume pas, cet écartement serait insuffisant. Dans la région Nord (environs de Tunis, Bizerte, Teboursouk) les arbres sont à 10 ou 12 mètres; il y pleut davantage que dans le Sud, la terre y est plus forte et plus fertile; néanmoins, les arbres souffrent; les racines vont se rejoindre d'un arbre à l'autre et forment dans la terre un véritable filet.

Quand on arrache un vieil olivier, et qu'on suit avec soin ses racines, on remarque que, dans une terre meuble, elles peuvent aller à 8^{m}; il faudrait donc, dans une plantation, donner au moins aux arbres un espace de 16^{m}. Dans le Sahel tunisien, les écartements sont généralement de 15^{m}; dans la région de Sfax, dans les sables, on a adopté l'écartement uniforme de 24^{m}, que l'on pourrait souvent, semble-t-il, ramener à 20^{m}. En adoptant un écartement aussi grand, les Arabes ont eu surtout pour but de faciliter leurs cultures intercalaires, mais, comme ces cultures cessent à la dixième année environ, les racines des arbres, même à 20^{m}, laisseraient encore dans l'interligne un bon espace où on pourrait faire des cultures.

A 24^{m} en carré, il n'y a à l'hectare que 17 pieds et un tiers; en quinconce, on arriverait à 20 pieds; à 20^{m}, on aurait 25 pieds en carré et 27 en quinconce.

La plantation en carré est plus avantageuse pour les cultures intercalaires, mais celle en quinconce est plus rationnelle : le terrain est mieux utilisé.

PRIX DE REVIENT. — Les éclats coûtent en moyenne, dans les régions du Sahel et de Sfax, de 12 à 15 fr. le 100. Les trous, tels qu'on les fait, c'est-àdire de $0^m30 \times 0^m30$, sont payés de 5 à 6 fr. le 100. La mise en place, transport des éclats à pied d'œuvre, coûte à peu près la même somme. En résumé, on peut compter de ce fait une dépense de 25 à 28 fr. par 100 pieds, soit, à Sfax, 6 à 7 fr. par hectare.

Formation de l'arbre

La formation du jeune arbre n'inquiète pas beaucoup les Arabes ; ils le laissent se développer sans aucune taille, se contentant simplement de supprimer, à la troisième ou quatrième année, les pousses qui se développent sur sa tige jusqu'à 1^m20 ou 1^m30 du niveau du sol. Aussi, le plus souvent, la forme n'est pas régulière, le bourgeon terminal tend à se développer verticalement aux dépens des branches latérales et constitue un appel continuel de sève qui nuit beaucoup aux branches

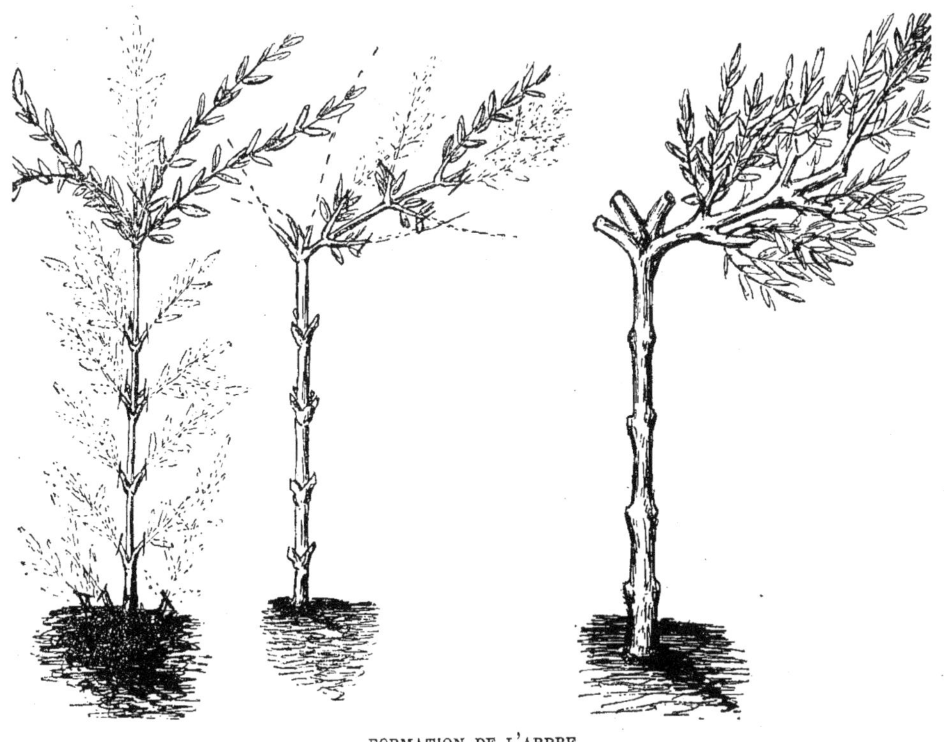

FORMATION DE L'ARBRE

3e année — 4e année — 5e année (Une seule branche est représentée afin de ne pas compliquer la figure)

charpentières. Il est de toute nécessité de le supprimer. Cette opération a lieu la troisième ou quatrième année, selon la force de l'arbre ; on fait la section de la tige au-dessus de quatre branches en général, et on supprime au-dessous de ces quatre rameaux toutes les pousses qui sont sur la tige. Ces quatre rameaux qui, sans la suppression de la tête, auraient poussé horizontalement, se redressent un peu et donnent à l'arbre une forme en gobelet, ce qui permettra dans la suite le passage des animaux pour les façons culturales. Par suite de ce mode de taille, la sève, au lieu de se porter sur la tête, se porte dans les rameaux latéraux, circule moins vite, et ceux-ci se mettent à fruit. La fructification est ainsi avancée en moyenne de deux ans. L'année suivante, les quatre branches se sont développées et ont donné naissance à des rameaux. On opère pour ces rameaux comme pour la tête : on les rogne au-dessus de deux ou trois pousses, mais il faut avoir soin de bien choisir ces pousses, et pour cela s'en rapporter à la direction que l'on veut donner à chacune des branches ; en général, on doit donner de suite à l'arbre le plus d'envergure possible, quitte à garnir plus tard l'intérieur au moyen de pousses nouvelles qu'on laisse se développer et que l'on rogne ensuite au moment voulu.

Culture de l'olivier dans les différentes régions de la Tunisie

L'olivier est cultivé en Tunisie de différentes manières suivant les régions. C'est la culture de Sfax qui est la plus soignée ; puis vient celle du Sahel et enfin celle du Nord. Dans les Matmata et la région de Douirat, on donne à l'olivier des soins très entendus et très coûteux, mais les oliviers de cette région sont clairsemés, et leur production est toute absorbée par la consommation locale.

Culture dans le Nord. — Dans une grande partie du Nord, les oliviers sont soumis au régime de la ghaba, et on oblige les propriétaires à les labourer au moins deux fois par an. Les arbres sont très rapprochés, et le plus souvent, lorsque la terre est bonne, on y fait des cultures intercalaires, céréales ou légumes, irriguées. D'après le règlement de la ghaba, les indigènes sont tenus de laisser autour de chaque arbre un anneau de 2 mètres non ensemencé et qu'ils doivent piocher à la main ; mais, le plus souvent, cette prescription n'est pas suivie. Les cultures intercalaires faites sous des arbres aussi rapprochés et sans fumier ne peuvent moins faire que d'épuiser l'olivier, qui ne donne ainsi qu'un produit insignifiant. Si, au contraire, on fume la terre, qu'on l'arrose et qu'on y cultive des plantes sarclées : fèves, pastèques, pommes de terre, la récolte d'olives est toujours supérieure ; c'est ce qui se passe dans les olivettes où on fait du jardinage : Kalaâ-Srira,

Kalaâ-Kebira, Akouda, Hammam-Soussa, etc. La plupart des oliviers du Nord sont constitués par de vieux troncs que l'on a essayé de régénérer par une taille trop énergique. On leur a supprimé d'un seul coup toutes leurs branches charpentières, et la sève, n'ayant plus d'écoulement, a donné naissance à une quantité considérable de gourmands, soit sur le pied, soit sur le tronc, soit sur les trois ou quatre branches conservées; on a obtenu des buissons, mais non des oliviers. Il faudra une dizaine d'années pour reconstituer ces arbres; on aurait été beaucoup plus vite en les recépant. En général, dans cette région, à part les olivettes habous soumises au régime de la ghaba, cette culture est absolument délaissée, et les arbres ne donnent qu'un très faible rendement payant à peine le kanoun.

Culture dans le Sahel. — Dans le Sahel, depuis Sidi-bou-Ali jusqu'à Ksourcef, Mahdia, El-Djem, la culture est toute différente. Le terrain, au lieu de conserver une surface unie, est disposé en cuvettes comportant un certain nombre d'arbres : deux, quatre ou huit. Ces cuvettes sont destinées à recueillir les eaux pluviales qui tombent sur les coteaux environnants, lesquels constituent ce que les arabes appellent des *meskats*. Des rigoles obliques sont tracées sur ces coteaux généralement formés par le travertin et amènent les eaux dans les olivettes. La possession de ces meskats est réglée par les titres eux-mêmes de propriété. Les arbres sont conduits en candélabre, c'est-à-dire que plusieurs tiges partent de la souche même. Interrogés sur l'origine et le motif de ce mode de conduite de leurs arbres, ils répondent qu'il y a une centaine d'années, un grand orage a abattu la plupart des oliviers, et que la reconstitution de la forêt a eu lieu par un certain nombre de pousses laissées sur les souches. Cette explication peut être admise : quelques vieux arbres, en effet, qui sont restés debout n'ont qu'un seul tronc. Dans le Sahel on trouve très peu de cultures intercalaires, sauf des légumes ou des céréales irriguées, des pastèques, du sorgho à chandelle (bechena), du maïs, etc. La taille est plus soignée que dans le Nord, mais laisse encore beaucoup à désirer. Bien soignés, ces oliviers produisent beaucoup; sur 14 hectares à l'Oued-Laya, cultivés à la charrue arabe, des oliviers bien taillés, puis fumés, ont donné en 1898 à M. Robert, de Sousse, un produit net de 7.000 fr., soit 500 fr. par hectare ou 5 fr. par pied. Ces arbres ont de cent à cent cinquante ans.

Culture dans les environs de Sfax. — Les olivettes de Sfax sont toutes de création récente; les plus anciennes ne remontent guère qu'au commencement du siècle dernier (1810). Dans les environs de Sfax, les arbres sont conduits sur une seule tige, et la cime est arrondie, plutôt même infléchie vers le sol. La taille est très bien pratiquée tous les deux ans. Le sol est sablonneux, la culture se fait à plat, sans cuvettes; les rendements sont très élevés. On n'y fait des cultures intercalaires que pendant les dix premières années; ensuite, le terrain tout entier est laissé à l'olivier et reçoit pendant toute l'année de nombreuses façons culturales; il reste meuble et propre. Les rendements sont beaucoup plus élevés que dans le Sahel, lorsque l'année est suffisamment humide. Les rendements sont quelquefois de 15 ou 20 francs par arbre de vingt-cinq à trente ans.

Les conditions dans lesquelles la culture de l'olivier peut être entreprise dans le Centre de la Tunisie ont été exposées dans une brochure [1] de M. Bourde, ancien directeur de l'Agriculture et du Commerce en Tunisie. Nous avons indiqué les modifications de ces conditions, survenues depuis la publication de la brochure de M. Bourde, dans un acticle paru dans le *Bulletin de la Direction de l'Agriculture et du Commerce* (n° 15, avril 1900), et reproduite à la fin de cette brochure.

Soins d'entretien

Les soins d'entretien à donner à l'olivier sont assez nombreux; ils consistent en façons culturales, fumure, taille, nettoiement, tuteurage, entourage, etc.

Façons culturales. — Si le terrain n'a pas été défriché avant la plantation, on doit se hâter de le faire; mais, dans les grandes exploitations, ce travail dure plusieurs années; on laboure de chaque côté des lignes une bande de 2 mètres que l'on élargit tous les ans. Il est important de tenir toujours propre et meuble la terre des olivettes. Quelques planteurs ont fait des bandes de 4 à 5 mètres sur leurs lignes d'oliviers, puis ne s'en sont plus occupés, ayant à poursuivre leur plantation sur un autre point: le chiendent et d'autres mauvaises herbes se sont de nouveau développés sur les bandes labourées, et les oliviers, s'ils ne sont pas tous morts, ont eu leur premier développement arrêté et auront beaucoup de mal à se remettre. Aussi, au lieu de planter une terre en friche, il serait bien préférable de préparer une année d'avance au moins la bande de 4 mètres sur laquelle doit se faire la plantation; elle serait meuble, propre et il n'y aurait plus qu'à l'entretenir.

En France, on fait autour des oliviers, avant l'hiver, un fort buttage; cette opération est très utile; elle amène la destruction d'un grand nombre d'insectes, produit l'aération, l'enrichissement et l'ameublissement du sol. Quelques propriétaires d'olivettes le font, en Tunisie; le seul inconvénient qu'il y ait, c'est que la végétation, ne s'arrêtant pour ainsi dire pas, ces buttes de terre, favorisent la sortie de rejets ou gourmands au pied de l'arbre; on est obligé de les détruire en débuttant au printemps.

(1) *Rapport sur les cultures fruitières et en particulier sur la culture de l'olivier dans le Centre de la Tunisie.* (Cette brochure est distribuée gratuitement, à la Direction de l'Agriculture et du Commerce, à Tunis.)

Le nombre des façons culturales à donner à l'olivier varie suivant la nature du sol. Quand celui-ci est compact, on donne après la récolte des olives un labour d'aération à la charrue française; dans les sols légers et sablonneux du Sud, ce labour peut se faire à la charrue arabe ou même au cultivateur ou au scarificateur, etc. Cependant, il est bon, tous les deux ou trois ans, de donner au terrain un bon labour à la charrue française, pour changer la surface de la couche de terre exposée à l'air et en améliorer une nouvelle. Le labour d'aération remplit en Tunisie un but très utile: il favorise l'accumulation dans le sol du peu d'eau qui tombe pendant l'hiver.

Dans le courant de l'été, on donne des binages, d'autant plus nombreux que le terrain est plus sale et se tasse plus facilement; ces binages sont destinés non seulement à maintenir la propreté du sol, mais encore et surtout à le tenir meuble à $0^{m}10$ ou $0^{m}15$, ce qui empêche l'évaporation et retient l'humidité.

Dans la région de Sfax, les Arabes ne labourent avec la charrue que pour ensemencer. Les autres façons se font toutes à la maâcha محشة.

La maâcha est une sorte de charrue arabe dont le soc et le sep sont remplacés par une lame coupante de $0^{m}80$ de largeur, et qui est destinée à ameublir le sol et à couper l'herbe entre deux terres; c'est une véritable ratissoire de jardin; avec cet instrument et en le passan

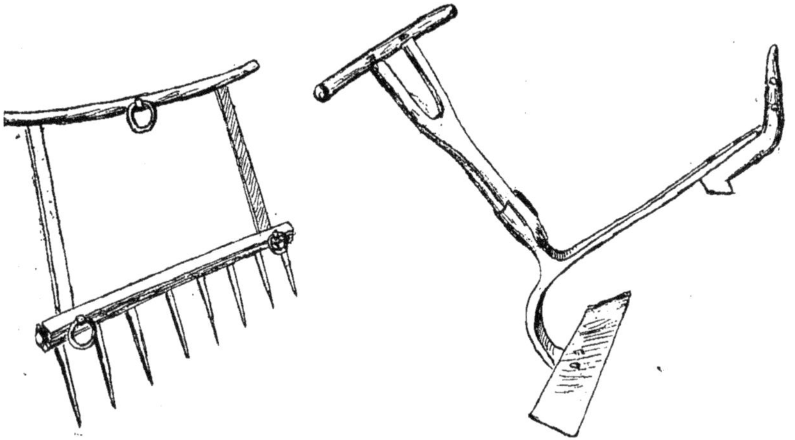

Instruments employés par les arabes pour la culture de l'olivier dans les environs de Sfax

MESSABA — MAACHA

assez souvent, ils parviennent à faire disparaître complètement le chiendent. Ce travail est complété à l'aide d'un rateau à longues dents trainé par un chameau, et que les arabes appellent messabâ مسبغة.

Il faut donner à l'olivier au moins trois façons, une après la récolte des olives, l'autre après la floraison et la troisième en août ou septembre. C'est là un minimum : on peut dire d'une manière générale que mieux on cultive l'olivier, plus forte est la récolte ; cependant, il faut s'en tenir à des façons superficielles et ne pas descendre au-dessous de 0m25, car on s'exposerait à déchirer les racines.

Fumure et engrais. — L'olivier paye toujours bien la fumure ou les engrais qu'on lui applique ; aussi, on ne s'explique pas pourquoi on le fume si peu. M. de Gasparin, qui, un des premiers, s'est occupé de cette question, a prouvé que 12.000 kilos de fumier appliqués pendant trois ans sur 1.600 oliviers doublent la production de l'huile ; dans cette expérience, 100 kilos de fumier donnèrent une augmentation de 3k300 d'olives. En tenant compte d'une production normale, une récolte d'olives en France pour un hectare contenant 150 arbres enlève :

Azote	17 kilos
Acide phosphorique	8 —
Potasse	22 —

Les engrais à décomposition lente sont ceux qui conviennent le mieux à cette culture ; c'est ainsi qu'on emploie, suivant les régions, les chiffons de laine, les débris de cuir, de corne, les gadoues, les composts ; on emploie aussi les engrais verts, surtout le lupin, qui, dans les terrains siliceux, et semé avant l'hiver, donne en février ou mars une production de substance herbacée contenant dans d'excellentes proportions les éléments nécessaires à l'olivier.

Le lupin blanc, qui pousse spontanément dans le Cap Bon, constituerait une précieuse ressource pour la fumure de l'olivier dans tous les terrains siliceux du Sahel et de la région de Sfax.

Les grignons résultant du traitement des tourteaux par le sulfure de carbone sont avantageusement utilisés comme engrais ; il en est de même des brindilles de taille, si on ne les fait pas consommer par les bestiaux et surtout si elles ne contiennent pas d'insectes. Dans le choix des matières fertilisantes, il faut tenir compte de ce que l'azote pousse beaucoup au bois et aux feuilles, au détriment des fruits.

En France, on donne, comme bonne fumure pour un hectare contenant 150 arbres, la composition suivante :

Tourteaux contenant 6 °/o d'azote	400 kilos.
Sulfate d'ammoniaque au printemps	100 —
Chlorure de potassium	150 —

Les engrais sont appliqués à l'automne. On fait autour de l'arbre, et à une distance variable suivant le développement des branches, un fossé circulaire correspondant à peu près à l'extrémité des racines, et c'est dans ce fossé que l'engrais est déposé. A Sfax, on fume les oliviers au moyen d'un couffin de fumier de ferme, soit 50 à 75 kilos. M. Robert, de Sousse, a fait des expériences comparatives sur différents engrais provenant de son usine et sur le fumier de mouton. Les expériences ont porté sur une olivette de sept ans; chaque rangée d'arbres a reçu un engrais différent.

La première rangée a reçu du noir animal provenant de la clarification des huiles; la deuxième les cendres des grignons employés au chauffage; la troisième du tourteau d'olive; la quatrième du fumier de mouton.

L'acide phosphorique du noir a donné beaucoup de fruits, a avancé la maturité, mais produit peu de bois.

La potasse des cendres a amené une belle végétation, beaucoup de feuilles, mais peu d'olives.

L'azote du tourteau, beaucoup de feuilles, belle végétation, mais moins de fruits que l'acide phosphorique.

Enfin, le fumier de mouton a donné la meilleure production, bois, feuilles et fruits.

On peut aussi employer comme engrais les eaux provenant des huileries; ces eaux sont riches en potasse et en acide phosphorique; elles contiennent en outre 0,2 °/₀ d'azote.[1]

Taille. — Pendant longtemps, la taille de l'olivier a été complètement négligée; ce n'est qu'au XVIIe siècle que son utilité a été reconnue; malgré cela, elle est encore fort peu ou mal pratiquée.

La taille a pour but de maintenir la forme de l'arbre, de faciliter la récolte, de favoriser la circulation de l'air et de la lumière dans le branchage, de régulariser la fructification et la grosseur des fruits. La taille avance la mise à fruits et donne de la précocité.

L'olivier, livré à lui-même, prend un port pyramidal, s'élève beaucoup en se dégarnissant du pied; la fructification se produit à l'extrémité des branches et l'intérieur de l'arbre n'en contient pas, d'où perte de récolte et difficulté de la cueillette. De plus, l'arbre devient très touffu, ce n'est plus qu'un buisson, dans l'intérieur duquel le soleil ne pénètre jamais: les fleurs coulent, les fruits restent petits et cette non aération de l'intérieur est une cause de développement des maladies cryptogamiques et des insectes.

PRINCIPES DE LA TAILLE. — Pour se rendre compte de l'utilité de la taille et des règles à suivre pour la pratiquer, il y a certains principes sur lesquels s'appuie cette taille, qu'il est nécessaire de connaître.

1° Les fruits de l'olivier ne se développent en général que sur les

(1) Voir rapport de MM. Milliau, Bertainchand et Malet sur *l'utilisation des margines* (*Bulletin de la Direction de l'Agriculture et du Commerce*, n° 14, janvier 1900).

rameaux de l'année précédente; cependant, on en voit quelquefois sur du bois de deux ans et même sur les rameaux de l'année;

2° Ce sont les fleurs qui s'épanouissent les premières qui donnent des fruits; les fleurs tardives coulent le plus souvent;

3° Les fruits sont d'autant plus gros que les branches à fruits sont moins nombreuses; or, c'est avec les olives les plus grosses, pour une variété déterminée, que le rendement en huile est le plus élevé; il est donc nécessaire de ne pas trop charger les arbres, d'autant plus qu'à une année de grand rendement succède forcément une récolte faible. La taille est donc un moyen d'arriver à une récolte à peu près uniforme tous les ans;

4° Les fleurs ne nouent que sous l'influence de la chaleur de l'air et de la lumière; c'est pour cela que, dans les arbres non taillés, on ne voit des fruits qu'à l'extérieur de l'arbre.

5° Les rameaux sont d'autant plus fructifères qu'ils sont plus horizontaux et même retombants. Aussi, dans la taille, on doit conserver les rameaux qui présentent cette disposition, et pincer les rameaux verticaux, pour permettre aux branches latérales de se développer;

6° On doit tendre à donner à l'arbre le plus d'envergure possible et le moins de hauteur pour faciliter la cueillette, et, malgré ce développement latéral, la fructification doit être aussi abondante à l'intérieur qu'à la périphérie;

7° Sur l'arbre prennent naissance de nombreux gourmands ou rameaux verticaux; il faut les supprimer avec soin pendant toute l'année et ne conserver que ceux qui sont nécessaires pour la formation de la charpente ou le remplacement de rameaux morts ou épuisés;

8° On ne doit jamais supprimer d'un seul coup les branches maîtresses d'un arbre et le réduire à l'état de squelette. La sève, qui se portait sur les nombreux organes foliacés que l'on enlève, ne trouve plus d'écoulement, l'arbre souffre beaucoup, et on voit apparaître au pied, sur le tronc et sur toutes les branches de l'arbre de nombreux gourmands qui l'épuisent. Quand, au moment de la taille, on prévoit la nécessité de supprimer, dans un temps plus ou moins éloigné, une des branches, il faut rechercher sur cette branche, dans la partie encore saine, un rameau bien disposé dont on favorise l'allongement et le développement par la suppression des rameaux voisins qui lui interceptent l'air et la lumière; lorsque ce rameau est parvenu à une dimension suffisante et qu'il a assez de feuilles pour remplacer celles de la branche mère, on supprime celle-ci aussi près que possible du rameau conservé;

9° Dans la taille, on doit toujours opérer par dédoublement, c'est-à-dire, quand on supprime un bourgeon terminal, supprimer aussi une des deux pousses existant au point de section, pour qu'une de ces deux pousses devienne elle-même le rameau principal;

10° On doit proportionner la taille à la vigueur de l'arbre; ce principe doit s'appliquer non seulement à l'arbre lui-même, mais à ses différentes parties, de manière à répartir également sur toutes ses branches la production des fruits. Un proverbe dit à cet égard: « Fais-moi pauvre de bois, je te ferai riche d'huile »; mais il faut se garder d'exagérer: on épuiserait l'arbre par des mutilations inutiles;

11° Supprimer les gourmands du pied (téteurs ou buveurs d'huile), ceux qui se produisent sur l'arbre, ainsi que les branches mortes et celles qui se couronnent.

Pratique de la taille. — Avant de commencer la taille d'un arbre, il faut se mettre à une certaine distance pour se rendre compte de la régularité ou de l'irrégularité de sa forme, de manière à décharger les parties trop compactes, et au contraire reporter la végétation dans les parties claires; ce fait se présente surtout pour les arbres qui n'ont jamais été taillés ou ne l'ont pas été depuis longtemps. On monte alors dans l'arbre et on procède aux suppressions principales; puis on descend de l'arbre, on voit quelles sont encore les parties à retoucher, et on procède à la taille proprement dite, qui consiste à élaguer les rameaux ayant fructifié, de manière à ménager autant que possible, et dans une proportion voulue, les rameaux émis l'année précédente. La taille doit toujours se faire rez tronc pour les branches et sur un œil pour les rameaux, de manière à ne pas avoir de chicots. Le tailleur est souvent obligé de se servir de l'escabeau pour terminer sa taille autour de l'arbre extérieurement. Lorsqu'un arbre est taillé, il doit être transparent, ses branches doivent être bien symétriques, et sa frondaison doit être aussi large que longue.

On se sert pour la taille de la scie, pour les grosses branches, de la serpe et du sécateur. Il est bon de parer à la plane ou à la serpe ou d'enduire de mastic les plaies ayant des dimensions un peu fortes.

Les branches et brindilles provenant de la taille ne doivent pas séjourner sur le sol, à cause des insectes et des maladies cryptogamiques qu'elles peuvent contenir; il faut les enlever de suite pour les faire consommer ou les brûler.

Epoque de la taille. — On avait conseillé de ne tailler qu'à l'apparition des fleurs, c'est-à-dire en mai, de manière à se trouver guidé par l'arbre lui-même, pour les parties à conserver ou à supprimer; mais, en agissant ainsi, on épuiserait rapidement l'arbre par l'écoulement de la sève au dehors, à la suite des sections faites par les instruments employés. Il est bien préférable d'effectuer cette opération pendant le sommeil de la végétation, c'est-à-dire aussitôt après la récolte, en janvier ou février. C'est après la taille qu'a lieu le premier labour, très utile pour aérer le sol, foulé au moment de la cueillette et de la taille.

Périodicité de la taille. — Doit-on tailler tous les ans ou tous les deux ans? Les partisans de la taille bisannuelle donnent pour raison que de monter tous les ans dans un arbre est une mauvaise chose, parce que l'on casse trop de jeunes rameaux; mais, cette taille a un grand inconvénient, car, puisque par la taille on supprime une grande partie des rameaux de l'année, si précisément l'année qui la suit est une année de production, on n'obtient qu'un faible rendement. Il vaut donc mieux tailler tous les ans : le travail est moins grand, on régularise la production, et on fatigue moins l'arbre, parce que les plaies produites sont moins fortes, la section n'étant pratiquée en général que sur des rameaux jeunes. Les Arabes pratiquent la taille tous les deux ans, pour avoir du gros bois, qu'ils vendent dans les villes.

Arrosages.— Quand l'olivier manque d'eau au moment de la floraison, les fleurs ne nouent pas, la plupart coulent et on n'obtient qu'un produit insignifiant. C'est à cette cause, surtout, que l'on doit attribuer le manque de récolte en Tunisie; il en est de même au moment de la véraison, c'est-à-dire au moment où le fruit change de couleur et tend à prendre le volume qu'il doit avoir. Si la terre se trouve dépourvue d'humidité, le fruit reste petit et, quelquefois même, tombe avant la maturité. On ne peut éviter ces accidents que par l'arrosage. Malheureusement, l'eau est rare en Tunisie : on la conserve pour les céréales et les légumes; très peu d'olivettes sont arrosées, et celles qui le sont n'ont l'eau qu'indirectement. Ce sont les légumes qu'on arrose et non les arbres.

Dans les oasis du Sud, les oliviers sont arrosés, mais ils le sont trop, et comme ils poussent à l'ombre, manquant d'aération, ils donnent peu de fruits et ces fruits sont de qualité médiocre. Cependant, il existe quelques oasis composées uniquement d'oliviers : telles sont celles de Feriana, de Mareth. Dans ces oasis, l'eau est donnée régulièrement, en petite quantité, et le rendement et très élevé.

L'irrigation bien comprise peut doubler la récolte; quand on ne dispose que d'une quantité d'eau restreinte, il faut arroser au moment de la fleur (en avril-mai) et au moment où les fruits changent de couleur (en août et septembre). Chaque arrosage exige de 400 à 500 mètres cubes à l'hectare, soit 1.000 mètres cubes par an.

On ne doit pas abuser de l'eau, surtout dans les terres argileuses; l'eau doit pouvoir s'écouler facilement, autrement les arbres se chlorosent, jaunissent et peuvent être atteints du pourridié.

Rajeunissement des oliviers. — On a dit que l'olivier est éternel ; cela peut être vrai pour la souche ou racine, mais pas pour le tronc : on trouve évidemment des troncs très vieux, mais il arrive un moment où ces troncs ne vivent plus que par une mince couche d'aubier et d'écorce ; tout l'intérieur est mort, carié ou vide : ils ne donnent plus qu'un rendement insignifiant.

On peut rajeunir ces vieux débris d'un autre âge ; mais le procédé pour y arriver varie suivant l'état de vétusté de l'arbre. S'il a encore suffisamment de vigueur, si son tronc, quoique très vieux et très volumineux, est encore sain, si les branches seules sont malades ou couronnées, on peut le régénérer et ramener sa production en remplaçant ses membres épuisés par de nouvelles branches jeunes et vigoureuses ; mais il faut se garder de faire cette suppression d'un seul coup : l'équilibre de la sève serait rompu, on risquerait de voir mourir l'arbre, et la vie, au lieu de se porter à l'extrémité de l'arbre, à l'endroit où on voudrait voir se former de nouvelles branches, s'arrêterait au pied ; on verrait apparaître de nombreux gourmands, dits « suceurs d'huile », qui épuiseraient l'arbre ; la sève, ne trouvant plus les organes où elle circulait précédemment, ralentirait sa marche, se porterait ailleurs, et les canaux qu'elle parcourait finiraient par s'atrophier. Avant de supprimer les grosses branches, il faut, par une taille appropriée, provoquer la sortie et l'allongement de branches de remplacement, et lorsque ces branches sont bien constituées, on supprime immédiatement au-dessus d'elles le membre paralysé.

Lorsque l'arbre est trop vieux, que sa vie est pour ainsi dire éteinte, il n'y a qu'un moyen de le régénérer, c'est d'opérer son recépage. On le coupe rez de terre à l'automne et, dès le printemps suivant, on voit sortir de nombreux rejets. On garde les deux plus vigoureux et on enlève avec soin tous les autres. Il faut évidemment protéger par des épines ces jeunes pousses contre la dent des animaux, mais, au bout de cinq ans, en cultivant un peu le sol et en fumant la terre, on a un arbre qui donne des fruits. Le résultat obtenu est beaucoup plus rapide et beaucoup plus sûr que par le premier procédé.

Mise à fruit

En France, la mise à fruit est beaucoup plus tardive qu'en Tunisie : elle a lieu cinq ou six ans plus tard. Toutes choses étant égales d'ailleurs, si on arrive ici à une production rémunératrice à dix ans, ce n'est qu'à quinze ans qu'on y arrive en France.

Nous avons vu que c'étaient les premières fleurs qui donnaient des fruits ; en effet, un grand nombre avortent, surtout parmi les tardives, et une grappe qui contient quarante fleurs ne porte plus, après la formation des olives, que trois ou quatre fruits. A sa naissance, l'olive est petite, d'un vert foncé ; petit à petit, elle pâlit, devient vert clair, puis rougeâtre ; dans la plupart des variétés à presser, du rose clair elle passe au rouge violacé et enfin au noir plus ou moins pruiné, suivant les variétés, lorsqu'elle arrive à la maturité complète. Le poids de l'olive augmente jusqu'à ce qu'elle ait atteint sa teinte la plus foncée. L'huile ne commence à se former qu'après la lignification ou ossification du noyau, qui se produit de plus ou moins bonne heure suivant les circonstances atmosphériques ; l'huile du noyau est très altérable.

Récolte

L'époque de la cueillette varie suivant que l'on veut faire de l'huile ou conserver les olives. Dans ce dernier cas, on n'attend pas que les olives aient pris une teinte rose ; aussi certaines variétés, comme le besbassi, le zarazi, le yacouti, la marsaline peuvent se ramasser dès le mois d'octobre. Pour les olives de conserve, il est impossible de faire le ramassage autrement qu'à la main : on doit cueillir les olives une par une et éviter la moindre tare, qui leur enlève beaucoup de valeur et nuit à leur conservation. Les olives ramassées sont plongées dans une lessive caustique où elles restent un certain temps ; on les lave ensuite à grande eau, puis on les place dans des barils remplis de saumure où elles se conservent indéfiniment.

Pour les olives à presser, on remarque que la quantité d'huile augmente jusqu'à la complète maturité. Ces olives qui, au début, contiennent de 60 à 70 °/₀ d'eau, n'en ont plus à la maturité que 25 à 30 °/₀, l'huile angmente dans la même proportion que l'eau diminue. Cependant, si on attend trop longtemps pour faire la cueillette, on obtient une huile blanche de qualité inférieure. Si on tient à avoir une huile de première qualité, bien ambrée, à goût de fruit, il faut devancer la cueillette : mais alors le rendement en huile est plus faible.

Deux procédés sont en usage pour le ramassage des olives : le gaulage et le ramassage à la main ; ce dernier est plus long, mais de beaucoup préférable ; malheureusement, il ne peut se pratiquer que sur les arbres de taille moyenne. Quand on a affaire à des oliviers de haute taille, on est obligé de gauler. Cette opération nuit beaucoup à l'arbre lui-même et à la qualité des olives, dont un grand nombre sont blessées et ne peuvent se conserver. De plus, il faut attendre la maturité plus que complète pour que les fruits tombent plus facilement ; on attend le plus souvent que la plus grande partie se détachent d'eux-mêmes. A cet effet, dans le Sahel, où ce procédé est beaucoup employé, on fait sous les arbres de grandes cuvettes à fond plat où a lieu le ramassage au râteau. Avec les olives, on recueille de la terre, des feuilles, des débris de branches qu'il faut ensuite séparer, soit à la main, soit par un lavage. Mais un des plus grands inconvénients du gaulage est de compromettre la récolte de l'année suivante en brisant les brindilles sur lesquelles les fruits doivent prendre naissance et de produire des plaies qui souvent engendrent des chancres. Les Romains interdisaient ce procédé.

Pour la cueillette à la main, on se sert d'échelles doubles ou chevalets; on saisit la branche d'une main et de l'autre on la peigne en quelque sorte en faisant tomber les fruits dans un panier ou un couffin. Ce travail est pénible : les mains sont vite blessées; aussi les Arabes s'arment-ils les doigts de cornes de mouton qui les rendent invulnérables.

La cueillette doit avoir lieu par un beau temps : les olives mouillées sont sujettes à fermenter.

Le meilleur procédé consisterait à conduire au moulin les olives au fur et à mesure du ramassage; mais ce procédé ne peut convenir pour les grandes exploitations, surtout si elles sont éloignées de l'usine. Les olives sont alors déposées dans un local sain et aéré en couches minces de 10 à 15 centimètres que l'on retourne de temps à autre.

Rendement

Les rendements sont excessivement variables, suivant l'âge des oliviers, le mode de taille, la température, l'humidité du sol et, surtout, les soins culturaux.

Dans les environs de Tunis, où les soins sont à peu près nuls, on ne compte guère sur un rendement de plus de 0f 50 à 1 fr. par arbre en moyenne. Dans le Sahel, on obtient de 4 à 6 fr.; mais, dans la région de Sfax, où les arbres sont jeunes, bien taillés et fumés, on arrive à vingt-cinq ans à un rendement de 15 à 16 fr. par arbre; il est vrai que les pieds sont très écartés et que le rendement à l'hectare ne s'élève jamais au-dessus de 200 à 250 fr. En 1898, bon nombre d'olivettes de Sfax ont donné un rendement de 20 fr. par arbre.

Accidents, insectes, maladies

L'olivier est exposé à bien des ennemis, mais, depuis quelques années, ceux-ci se multiplient d'une façon inquiétante; sous ce rapport, nous avons à examiner les accidents météorologiques, les insectes, les oiseaux et les maladies cryptogamiques.

Accidents météorologiques. — GELÉES. — En France, on a à redouter les gelées, qui quelquefois détruisent l'arbre complètement; le seul remède consiste dans la suppression des parties atteintes ou le ravalement complet de l'arbre. On redonne une nouvelle vigueur à l'arbre par la fumure et des façons culturales nombreuses.

Vents violents. — Les vents violents sont très nuisibles au moment de la fleur ; ils flétrissent les organes floraux et nuisent à la fécondation par l'enlèvement du pollen. Ils nuisent aussi quand le fruit est formé, en amenant sa chute prématurée. Les vents chauds et brûlants, surtout lorsque le terrain est nu, font rider les fruits, qui n'atteignent qu'une faible dimension. Il faut disposer les lignes dans le sens des vents régnants, pour que les arbres se protègent mutuellement. On lutte aussi par l'irrigation.

Les vents froids, avec pluie ou atmosphère humide, sont très nuisibles, même en Tunisie, au moment de la fleur ; ils produisent la coulure et sont souvent accompagnés de production de fumagine qui nuit beaucoup à la formation et au développement des olives. La psylle qui fait de grands ravages sur la fleur, est plus abondante par les temps froids et humides que par la grande chaleur sèche. On diminue beaucoup les chances de coulure en réduisant le nombre des fleurs : l'action végétale se porte sur celles qui restent, et les fruits nouent plus facilement.

Pluies. — Les pluies persistantes au moment de la fleur ont le même inconvénient que les vents froids ; ces pluies sont rares en Tunisie. Le remède est le même.

Oiseaux. — Un grand nombre d'oiseaux mangent les olives ; ils sont quelquefois assez nombreux pour amener une diminution dans le rendement ; les principaux sont les grives, les merles, les ramiers, les corbeaux, les pies et les geais.

Insectes (Pl. 9). — Pour l'étude des insectes, nous suivrons les différents groupes auxquels ils appartiennent.

Coléoptères. — *Rongeur de l'olivier.* — Le rongeur de l'olivier porte encore le nom de *neïroun, courcoussou, Babarote ;* c'est le *Phlœotribus oleæ*. C'est un petit insecte de 2 millimètres de longueur, d'un brun noirâtre, recouvert d'un duvet gris, ce qui le fait confondre avec l'écorce de l'olivier. Ses antennes sont terminées par trois articles en lamelles comme celles du hanneton. Ses élytres sont ponctuées, striées, ses ailes membraneuses assez longues. Il s'attaque surtout aux arbres manquant de vigueur. Le neïroun produit souvent cinq générations dans l'année. La première ponte a lieu en février-mars ; elle est produite par les insectes qui ont passé l'hiver sous l'écorce des arbres. Lorsqu'il se trouve au pied de l'arbre des bois d'élagage, c'est sur ces bois que ces insectes se portent de préférence ; s'il n'y en a pas, ils s'attaquent aux jeunes rameaux, dont ils amènent le dessèchement et la chute par les nombreuses galeries qu'ils pratiquent. Il est facile de reconnaître qu'un rameau est attaqué par le neïroun ; le trou dans lequel il s'introduit est marqué par un amas de sciure de bois avec lequel l'insecte en ferme l'orifice. Le mâle et la femelle pénètrent tous les deux dans la galerie, qu'ils prolongent longitudinalement jusqu'à un point où cette galerie se divise en deux autres perpendiculaires à la première et qui, par conséquent, entourent la branche et se joignent, si elle n'est pas trop grosse; c'est en cet endroit que la femelle pond de cinquante à soixante œufs, puis elle sort de la galerie, à l'orifice de laquelle le mâle meurt, en la fermant de son corps. Quelquefois la femelle fait une deuxième galerie droite où elle pond de vingt à vingt-cinq œufs, et meurt comme le mâle.

Les larves sont courtes, sans pattes, à tête rousse et au corps blanchâtre; elles font de nombreuses galeries dans le liber; au bout d'un mois, elles se transforment en nymphes et, dix jours après, en insectes parfaits. C'est à peu près au mois de juillet qu'a lieu leur sortie; un second cycle recommence. Le neïroun s'attaque surtout à défaut de bois d'élagage, aux arbres souffreteux; dans ceux qui sont vigoureux, il redoute un excès de sève qui le noirait dans les galeries. Les trous qu'il fait servent souvent de refuge à un autre insecte de l'olivier, le *barban* ou *thrips oleæ.*

Hylésine.—L'hylésine, *Hylesinus fraxini,* est un peu plus grand que le neïroun; il a 0^{m}003 de longueur; il est de couleur roussâtre, un peu cendré dans le jeune âge. L'antenne ne porte qu'une seule branche globuleuse en massue; les élytres sont plus longues que larges et présentent six stries, avec ponctuations noirâtres. L'hylésine fait les mêmes dégâts que le neïroun; cependant il s'attaque à des rameaux plus gros où sa présence est décelée par des taches rousses ou brunes; il dépose ses œufs dans de petites loges creusées de long des galeries. On lutte contre lui par les mêmes moyens que pour le précédent.

Cione.—Le cione, *Cionus fraxini*, est un petit charançon de la même longueur que le précédent, mais plus large. Son corps est gris brunâtre ou blanchâtre, parsemé de taches blanches; la partie médiane est d'une teinte plus foncée. Ses antennes et ses pattes sont rousses. Il a un rostre long et recourbé, qu'il tient ordinairement replié sous son corps. Lorsqu'il se sent en danger il replie ses membres et se roule en boule, ressemblant alors à une graine. Il attaque les feuilles, les bourgeons et les jeunes tiges dont il amène la dessication; il paraît y avoir deux pontes, une en avril qui donne des insectes s'attaquant aux jeunes greffes, l'autre en juin ou juillet. L'insecte parfait dépose ses œufs en dessous des feuilles. Les larves sont courtes, jaunâtres; elles ne rongent que la partie inférieure des feuilles, et jamais la cuticule supérieure. Elles se maintiennent adhérentes au moyen d'un liquide visqueux qu'elles sécrètent, font leur cocon sous la feuille, et s'y transforment en nymphes; au bout de dix jours, l'insecte parfait perce avec son rostre une ouverture régulière et sort pour opérer ses ravages sur les feuilles,

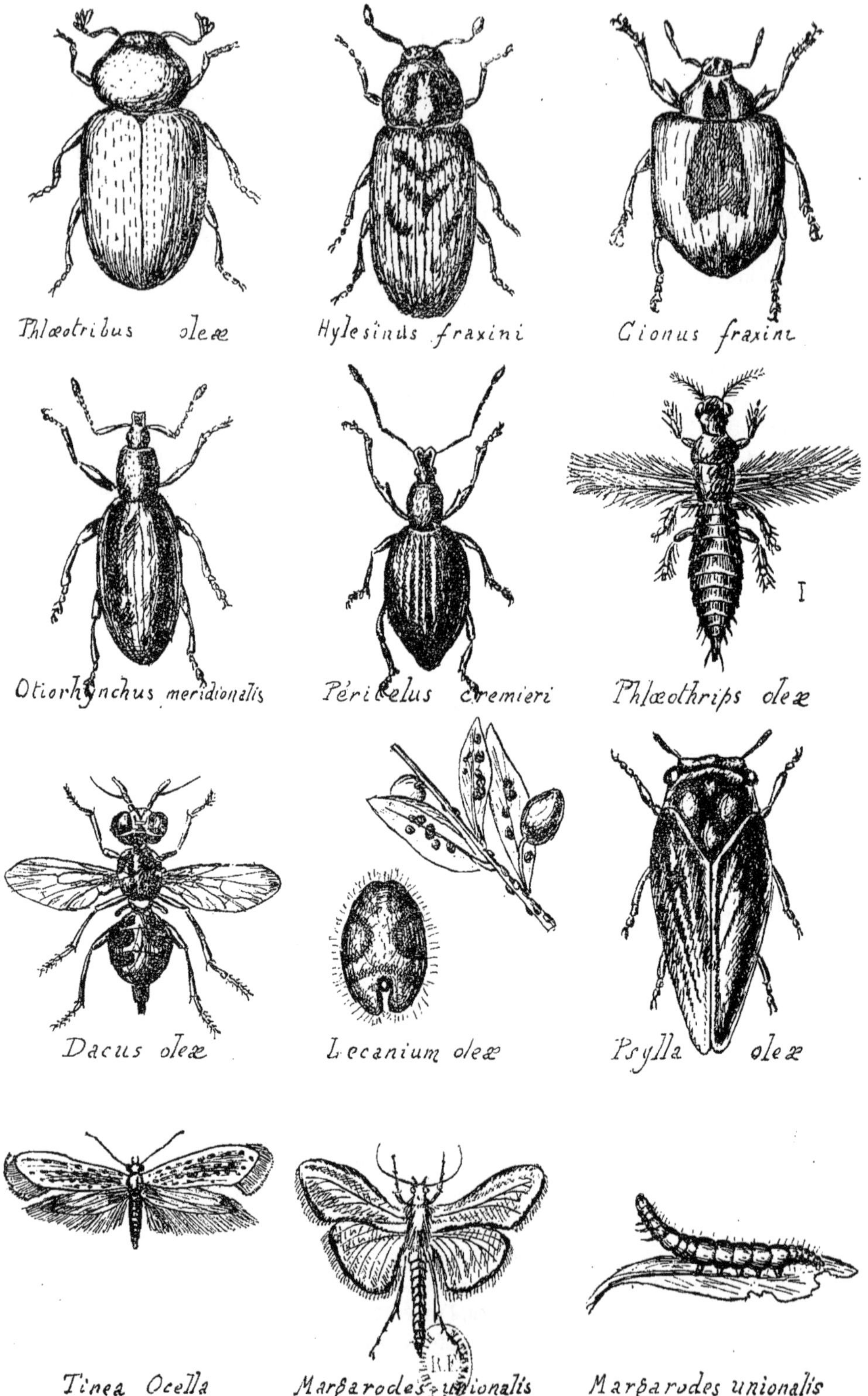

Planche 9. — Insectes nuisibles à l'olivier

Dacus faisant sa ponte
et fourmi recherchant ses œufs

Chenille de teigne se laissant tomber à terre
où elle se transforme en chrysalide

Tumeurs bacillaires

Cycloconium oleaginum
m, mycélium — *s*, spore

Planche 1°

qu'il ronge de la même manière que les larves, puis il s'envole au sommet de l'arbre où a lieu l'accouplement.

Le cione passe l'hiver à l'état parfait sous les feuilles mortes, sous les écorces, et ne se montre qu'au printemps. C'est ce moment qui est le plus convenable pour le rechercher et le détruire sur les jeunes greffes et sur les rejetons. On peut le ramasser soit avec un entonnoir à altise, soit avec un parapluie renversé ; il ne faut pas attendre la ponte. C'est un insecte assez dangereux.

Othiorynche. — L'*Othiorynchus meridionalis*, ou *chaplum*, est un charançon de 0^{m}007 à 0^{m}008 de longueur, à abdomen très développé ; le thorax l'est moins ; la tête est encore plus petite. Il est presque tout noir brillant, à élytres striées ponctuées ; le bec est court, élargi à son extrémité ; les antennes sont coudées.

Le chaplum dévore les feuilles et les brindilles pendant la nuit ; il se cache le jour au pied des oliviers, c'est là qu'on doit le rechercher ; il opère sa transformation dans le sol, et ses larves, très grosses, charnues, rongent les racines : c'est ce qu'on appelle ici le *ver*. On peut le détruire en injectant dans le sol 25 grammes par mètre carré de sulfure de carbone. On peut aussi le ramasser la nuit en étendant sous les arbres avec précaution et sans bruit des draps ou des bâches. On donne une secousse à l'arbre, et les othiorynches tombent.

Charançon gris. — Le charançon gris, *Peritelus cremieri,* est un insecte d'un gris argenté à reflets bleuâtres, de 0^{m}005 de longueur sur 0^{m}0015 de largeur ; les élytres portent des tâches brunes allongées. Comme le précédent, c'est un insecte nocturne qui mange les jeunes pousses et les greffes, tandis que les larves mangent les radicelles. On emploie pour le détruire les mêmes moyens que pour l'othiorynche ; cependant, comme il ne se laisse pas tomber à terre, on peut le ramasser la nuit à la main. Cet insecte est assez répandu en Italie et en Provence.

Cantharide. — La cantharide, *Cantharis vesicatoria,* fait quelquefois du mal aux oliviers en mangeant complètement les feuilles ; on ne peut que les ramasser à la main ou les faire tomber le matin sur une bâche en secouant les arbres.

ORTHOPTÈRES OU THYSANOPTÈRES. — *Ver noir.* — Le *ver noir* ou *barban, Phlœotrips oleæ* ou *Thrips,* est assez rare en France, mais il cause en Italie des ravages importants. C'est un insecte de 0^{m}002 à 0^{m}003 de longueur, légèrement aplati, noir foncé, à pattes et antennes courtes, à ailes plumeuses, à abdomen pointu, mobile dans tous les sens, et à neuf segments. Sa tête est arrondie en avant. Il a quatre ailes étroites garnies de longs poils noirs et une tarière tubuleuse, portant des poils à son extrémité. Avant d'être insecte parfait, il est à l'état de pupe brunâtre sans ailes. C'est surtout à ce dernier état qu'il est nuisible; la pupe mange les feuilles tendres et les bourgeons, qu'elle crible de petits trous.

L'insecte parfait passe l'hiver sous les parties d'écorces qui se trouvent soulevées, ou encore enfoui sous les feuilles mortes, ou dans des galeries creusées par d'autres insectes, tels que le neïroun. Pendant l'été il circule sur le tronc, sur les rameaux, les feuilles et même les fruits, et produit quelquefois de grands ravages. Il attaque seulement la face inférieure de la feuille, qui se dessèche sans mal apparent.

Pour le détruire on a conseillé les fumigations au jus de tabac, mais c'est là un procédé peu pratique; il est préférable de badigeonner les arbres au lait de chaux, de faire une taille énergique et de donner de la vigueur à l'arbre, car ce sont surtout les oliviers souffreteux qui sont attaqués.

Diptères. — *Mouche de l'olive.* — La mouche de l'olive, *Dacus oleæ,* appelée aussi *keïroun,* est le plus terrible des insectes qui s'attaquent à l'olivier. En Provence, elle détruit souvent toute la récolte; dans le Sahel, elle a fait certaines années de grands ravages. Cette année-ci on a constaté sa présence dans quelques olivettes du nord de la Tunisie. Quand elle ne détruit pas la récolte, elle la détériore tellement qu'elle n'est plus vendable, elle s'attaque surtout aux olives à pulpe épaisse.

C'est une petite mouche de 0m 005 de longueur sur 0m 010 d'envergure. Son corps est d'un gris jaunâtre, avec tête plus pâle, fauve à la partie antérieure; les yeux sont noirs, le thorax gris et l'abdomen roussâtre avec taches noires; les ailes sont transparentes avec reflets irisés; les pattes sont jaunes; les antennes sont jaunes avec un cil à leur partie médiane externe; l'abdomen est terminé par une tarière chez la femelle seulement; il porte en son milieu une bande jaunâtre qui va en s'élargissant vers l'anus. Le thorax est couvert de poils fins visibles seulement au microscope; les nervures des ailes sont jaunes.

Le keïroun passe l'hiver à l'état de pupe, enfoncé dans le sol ou sous les vieilles écorces à l'état d'insecte parfait; mais on le trouve surtout dans les locaux où on emmagasine les olives. Au printemps les petites mouches, que les Arabes nomment *fertatou* فرتاتو, se mettent à voltiger et butinent sur les fleurs d'olivier ou d'autres plantes.

Quand les fruits sont noués, l'accouplement a lieu, et les femelles, au moyen de leur tarière, pondent leurs œufs sous l'épiderme du fruit; cette ponte a lieu en juillet-août. Le trou fait par la mouche se referme, mais il reste une dépression très reconnaissable. Cette mouche pond ainsi une douzaine de fois par jour, et cela plusieurs jours de suite.

La larve ou ver (en arabe *dernoua*, درنوة) résultant de l'œuf, dévore la pulpe et creuse des galeries. Cette larve mesure 0m 005 quand elle est complètement développée; elle est d'un blanc jaunâtre, a dix anneaux, pas de pattes et est pourvue de deux crochets ou mandibules noires; il y en a généralement deux ou trois dans le même fruit; son développement est rapide; il y a souvent trois à quatre générations dans la même année. Les métamorphoses se produisent sur l'arbre même; mais si l'olive tombe, la larve descend dans le sol pour s'y transformer en pupe, puis en mouche. Le ver reste quinze jours dans l'olive avant cette transformation. La pupe résultant de la larve est d'un jaune plus foncé que la larve même et elle affecte la forme d'un petit tonnelet. Le dacus ne se nourrit pas de l'olive, mais de matières gluantes et sucrées, et en particulier de la gomme et de la résine odorante, qui exsude des rameaux et des feuilles d'olivier lorsqu'ils sont piqués par les pucerons ou les cochenilles. Aussi avait-on conseillé pour tuer les mouches de placer sur les arbres des soucoupes contenant du miel et de l'acide arsénieux : ce serait coûteux et difficile.

Le seul moyen vraiment pratique consiste à ramasser les olives dès la fin d'août, pour empêcher ou diminuer tout au moins la deuxième génération. Il faut aussi laisser les olives le moins longtemps possible en magasin et brûler tous les débris ou balayures; le broyage des olives doit avoir lieu immédiatement. Il faut bien se garder surtout de laisser les fruits sur les arbres. C'est dans les pays où on pratique le gaulage que le keïroun se développe le plus parce qu'on attend, pour faire la récolte, que les olives soient parfaitement mûres; ainsi prennent naissance plusieurs générations de mouches.

Parasites du keïroun. — Deux insectes hyménoptères (quatre ailes) vivent aux dépens du dacus : 1° l'*Eupelmus urozonus*, de 0m 001 à 0m 002, d'un ver brillant et à extrémités des pattes jaunes, qui dépose un œuf dans l'olive attaquée, et dont la larve vit aux dépens du tissu graisseux du keïroun ; 2° l'*Eulophus pectinicornis*, qui ressemble beaucoup au précédent, mais qui est d'un vert bronzé avec les extrémités des pattes blanches. Les fourmis sont également très avides des œufs de cet insecte et les extraient des fruits après que la mouche les y a déposés. (Voir pl. 10.)

HÉMIPTÈRES. — *Cochenille de l'olivier* ou *kermès*. — La cochenille de l'olivier, ou hémisphérique, *Lecanium oleæ*, est celle que l'on rencontre plus particulièrement sur l'olivier. Elle est caractérisée par une sorte de carapace ou tortue microscopique accolée aux rameaux; cette carapace est d'un brun noirâtre ou gris jaunâtre : c'est le corps desséché de la cochenille sous laquelle celle-ci abrite ses œufs. Les jeunes cochenilles sortent par une échancrure placée à la partie postérieure de cette carapace et vont se fixer sur les jeunes rameaux dont elles pompent la sève; elles déterminent la sécrétion ou plutôt l'excrétion d'un liquide sucré, ou miellat, qui sert d'aliment à la fumagine, laquelle ne tarde pas à se déclarer. La cochenille adulte, grosse comme une petite lentille, est de couleur rouge brun et peut pondre un millier d'œufs.

Cet insecte attaque surtout les arbres affaiblis ou souffrants par suite d'une cause quelconque, sécheresse, humidité excessive, froid; il est surtout abondant dans les arbres trop touffus. Sur un arbre bien éclairci, l'air circule mieux, la cochenille se fixe moins, et, dans tous les cas, les traitements insecticides sont beaucoup plus faciles.

On peut se servir pour la destruction de la cochenille de pulvérisations au pétrole et au savon (formule Riley.) On dissout 175 grammes de savon dans 4 litres d'eau chaude, on porte à l'ébullition et on verse dans le liquide bouillant 8 litres de pétrole; on agite le mélange jusqu'à consistance sirupeuse, et on l'étend ensuite de neuf fois son volume d'eau.

Les kermès sont détruits par les larves des coccinelles et par un lépidoptère spécial à la région de l'olivier, l'*Erastria scitula,* papillon de 0m010 à 0m012 d'envergure, à ailes frangées sur les bords d'une couleur feuille morte, et dont la chenille, à aspect de fiente de passereau, se nourrit de lecanium.

Depuis quelques années, en Algérie, les oliviers sont attaqués par une cochenille, la *Guerinia serratulæ*, qui recouvre d'une sécrétion cotonneuse et blanchâtre les branches et le tronc des oliviers, spécialement ceux qui sont greffés. On peut employer contre elle les émulsions alcooliques ou celles au pétrole. Cette cochenille a fait cette année quelques ravages dans les environ de Tunis.

Il y a encore deux autres cochenilles, mais moins communes, qui s'attaquent à l'olivier, le *Pollinia costæ,* d'une couleur jaune brun et à sécrétion blanche très adhérente à l'extrémité des rameaux, et le *Mytilaspis flava,* qui est jaune et a une sécrétion grise séreuse. Ces deux insectes se rencontrent souvent sur les mêmes branches.

Un sorte de fourmi noire à tête rouge, le *Cremastogaster scutellaris,* insecte de 0m004 à 0m005 de longueur, recherche pour sa nourriture les cochenilles et les pucerons: il en est de même d'une autre fourmi noire, le *Camponotus pubescens,* qui se nourrit de miellat.

Psylle. — La psylle de l'olivier, *Psylla oleæ,* qu'on appelle aussi *psylle du coton des fleurs, coton, blanquet* en Provence, *sauteur* à Grasse, est un insecte de 0m 002 à 0m 003, d'un vert jaunâtre, à ailes en forme de toit, transparentes, ponctuées de jaune; les antennes sont courtes, filiformes, la tête jaunâtre, la trompe recourbée sous le thorax, les pattes jaunes, les cuisses élargies en massue. La psylle a la forme d'une petite cigale; elle saute avec facilité.

La larve a à peu près la même forme que l'insecte parfait, mais pas d'ailes; elle est d'un jaune rougeâtre et couverte de longs poils blancs très ténus. Ces larves font leur nid à l'aiselle des grappes florales, qu'elles entourent d'une matière cotonneuse, gluante, empêchant ainsi la fécondation et la formation des fruits. Elle peuvent donner lieu à deux générations, mais c'est surtout la première qui est dangereuse. L'insecte parfait, qui apparait en juillet, perfore les feuilles avec sa trompe et vit à leurs dépens.

La matière cotonneuse dont s'enveloppe la psylle la rend invulnérable aux insecticides; il n'y a qu'un seul moyen de lui faire la guerre, c'est de brûler et d'incinérer les rameaux atteints. Les grands vents, la pluie, la chaleur, le siroco détruisent les nids de la psylle.

LÉPIDOPTÈRES. — *Teigne mineuse.* — La teigne mineuse, *Tinea ocella,* ou *Prays oleœllus,* est un insecte qui attaque successivement les feuilles et les noyaux des jeunes olives; c'est ce qui a fait croire que les dégâts devaient être attribués à deux teignes différentes; on a reconnu que ces deux insectes avaient une origine commune, mais provenaient de deux générations différentes.

La teigne mineuse, à l'état d'insecte parfait, est un petit papillon de 0^m005 de long sur 0^m010 d'envergure, d'un gris cendré, à antennes filiformes, légèrement crénelées et presque aussi longues que le corps de l'animal. Les ailes supérieures sont allongées, luisantes, marbrées de noir et frangées à l'extrémité de leur bord interne; les inférieures sont d'un gris uni moins foncé, plus étroites et frangées tout le tour.

La chenille, longue de 0^m005 à 0^m006, a seize pattes; elle est d'un vert grisâtre marbré de rose sur le dos, avec une plaque noire sur le cou et une autre sur les derniers anneaux du corps.

La teigne pond en automne ses œufs à la face inférieure des feuilles; les jeunes larves pénètrent dans le parenchyme des feuilles, où elles tracent des galeries sinueuses que l'on aperçoit très bien par transparence; c'est là qu'elles passent l'hiver. Au printemps, ces larves sortent de la feuille et vont se transformer à l'extrémité des rameaux, qu'elles réunissent par des fils de soie. Le papillon qui sort de ces cocons pond ses œufs dans les bourgeons floraux.

Lorsque l'olive se forme, la jeune larve s'établit dans le noyau, dont elle ronge l'amande. En septembre, devenue adulte, elle perce la coque des noyaux au point d'intersection du pédoncule, et se laisse tomber à terre (voir pl. 10) où elle se transforme en chrysalide, puis en papillon, qui produira la chenille des feuilles.

Comme remède, on pourrait ramasser au printemps, avant la sortie des chenilles, les feuilles attaquées que l'on reconnait assez facilement, mais c'est là un moyen peu pratique. On peut aussi allumer en septembre ou octobre de grands feux où viennent se brûler les papillons pendant a nuit; on peut également labourer le pied des oliviers en septembre, moment où les chrysalides sont formées; mais ce qui est préférable, c'est de ramasser les olives avant la maturité, comme pour le keïroun.

Margarodes unionalis. — C'est un tout petit papillon entièrement blanc, appelé aussi pyrale des feuilles, de 0m 001 à 0m 002 de longueur; il est blanc soyeux, avec reflets irrisés; ses ailes supérieures sont bordées d'une ligne brune. Il dépose ses œufs à l'aisselle des feuilles. Au bout de quinze à vingt jours sort une chenille d'un vert clair, qui pendant la nuit dévore la face inférieure des feuilles et se cache pendant le jour dans une sorte de nid qu'elle se confectionne au sommet des rameaux au moyen de fils de soie. Au bout d'un mois environ, elle va se métamorphoser dans les fentes de l'écorce de l'arbre.

On ne connait aucun moyen pour se défendre efficacement contre les dégâts de la pyrale; heureusement, il est rare qu'elle se multiplie beaucoup.

Maladies cryptogamiques. — Les maladies cryptogamiques aux quelles est exposé l'olivier peuvent se déclarer sur les feuilles, sur les rameaux, sur le tronc et sur les racines.

SUR LES FEUILLES. — *Fumagine.* — La fumagine, (en arabe el-mène المن), *noir de l'olivier, morphée,* est due à un champignon *(Capnodium oleæphilum).* Cette maladie n'est pas spéciale à l'olivier; elle attaque également le mûrier, le figuier, le saule, le chêne, la vigne, le houblon, la bruyère. Elle est caractérisée par une épaisse couche semblable au noir de fumée, qui recouvre le dessous des feuilles d'abord, puis le dessus et enfin les rameaux, les branches et les fruits; cette poussière est tantôt sèche, tantôt adhérente par suite du liquide gluant que sécrètent les lecanium, et qui n'est que le résultat d'une exsudation de l'arbre. Cette matière sirupeuse, ou miellat, est éminemment propre au développement du noir, aussi est-il rare de trouver des arbres attaqués par la fumagine sans qu'ils le soient également par le lecanium, et réciproquement. Ce sont les spores d'un champignon que l'on avait d'abord baptisé *Fumago vagans* qui constituent cette matière charbonneuse; ce champignon ressemble énormément au *Capnodium salicinum,* ou noir du saule; comme lui il porte rarement des fructifications et se multiplie simplement par ses organes de végétation; le mycelium présente des cloisons en chapelet dont les cellules se cloisonnent et donnent naissance à de nouveaux filaments. En somme, le mycelium ne pénètre pas dans la feuille, il rampe simplement à sa face inférieure, retenu par les poils qui la tapissent, ou sur l'écorce, maintenu par les rugosités. Ce n'est donc pas un parasite de cet arbre; il vit simplement aux dépens du miellat sécrété par les lecanium, et, ce qui le prouve, c'est qu'il peut se développer sur n'importe quelle substance que recouvre le miellat, mousse, pierre, etc. Son action est cependant funeste, parce qu'il empêche la respiration de l'arbre par le feutrage dont il recouvre les organes, et qu'il paralyse la formation de la chlorophylle.

Si la fumagine apparaît avant la floraison, celle-ci n'a pas lieu, ou dans tous les cas il n'y a pas de fécondation; si les fleurs sont passées, elles se flétrissent et tombent; il en est de même du fruit, et, lorsque celui-ci est gros, son développement est arrêté. Ce champignon se développe surtout dans les endroits bas et humides, sur le bord de la mer, des étangs, dans les vallées, à l'abri du vent, sur les arbres non taillés, dont le feuillage touffu empêche la circulation de l'air. Il disparaît par les chaleurs sèches et les grandes pluies, les vents violents et le siroco. On a essayé en vain les traitements anticryptogamiques. C'est en effet, non pas au champignon, mais à la cause, c'est-à-dire au lecanium, qu'il faut s'attaquer. Or, en s'y prenant de bonne heure, celui-ci disparait très bien au moyen de la pulvérisation d'une solution de 2 à 3 kilos de carbonate de soude dans 100 litres d'eau; on peut aussi faire usage de la solution Riley, savon et pétrole, dans laquelle on ajoute, pour faciliter le mélange, un litre d'alcool dénaturé pour cent litres. Le remède préventif est la taille sévère, qui facilite l'aération; on peut également supprimer, au fur et à mesure qu'ils se présentent, les rameaux garnis de cochenilles; mais ce dernier moyen est fort peu pratique.

Cycloconium oleaginum. — Le cycloconium oléaginum (voir pl.10) est un champignon qui attaque la feuille de l'olivier. Il produit à la face supérieure de ces feuilles des taches arrondies qui ont un aspect différent suivant l'état de leur développement. Le pourtour de la tache a une couleur brunâtre plus ou moins foncée, tandis que l'intérieur a une couleur jaune, qui disparaît peu à peu pour redevenir verte; enfin la teinte brune reparaît, et à ce moment la feuille tombe. Ces taches, en nombre variables s'agrandissent et finissent par se souder, affectant une forme polygonale à lignes droites parfaitement distinctes à leur point de contact. Elles ont de 0^{m}005 à 0^{m}010 de diamètre; mais, sur les variétés à larges feuilles, elles atteignent quelquefois 0^{m}015. Lorsqu'elles sont très nombreuses, elles peuvent se développer à la face supérieure des feuilles, sur le pédoncule et sur le fruit lui-même. Elles font le plus souvent leur apparition à l'automne sur les feuilles de l'année : elles sont d'abord entièrement noires, le centre s'éclaircit peu à peu, devient brun, puis vert, pour redevenir brun; rondes sur les feuilles et les fruits, elles sont allongées sur les nervures et les pédoncules. Le mal attaque d'abord les feuilles de la base des rameaux, puis gagne le sommet.

Le champignon qui produit ces taches ne pénètre pas profondément dans les tissus; le mycelium rampe sur la cuticule dans l'épaisseur de la paroi supérieure des cellules de l'épiderme et ne pénètre jamais dans le parenchyme.

Le cycloconium nuit à l'olivier par la diminution de l'intensité de la respiration et, par suite, il produit l'affaiblissement de l'arbre.

On en trouve quelques échantillons en Tunisie, mais c'est en Italie qu'il fait le plus de ravages. Cette année, il a détruit complètement la récolte dans un grand nombre de régions.

Le seul traitement pratique consiste dans les pulvérisations à la bouillie bordelaise; on doit faire trois traitements, un en novembre après la taille, le second en mai après la floraison et le troisième en juillet.

Sur les rameaux et les branches. — *Tuberculose de l'olivier.* — La tuberculose de l'olivier, qui est due au *Bacillus oleæ*, est caractérisée par des tubérosités ligneuses (voir pl. 10), sortes de tumeurs de forme irrégulière, arrondies, à surface rugueuse sillonnée, creusées au centre et atteignant quelquefois la grosseur d'une noix. Sous l'action de ces tumeurs, les branches se dessèchent, périssent et l'arbre souffre.

Ces tumeurs sont constituées par des calus analogues au bourrelet qui recouvre les greffes. Au sommet de la tumeur le tissu est déjà mort et desséché; on y voit des vides ou poches irrégulières remplies d'une masse de bacilles allongés, qui ont la faculté de se reproduire; il suffit pour s'en convaincre d'en inoculer une certaine quantité sur une branche saine: la maladie ne tarde pas à se déclarer. Ce bacille corrode et détruit les cellules vivantes et creuse des lacunes qui se ramifient et s'agrandissent. Cette destruction amène une production désordonnée de tissu parenchymateux qui se forme aux dépens du cambium et du suber; de là un appel considérable de sève sur les points contaminés, formation de bourrelets et épuisement de l'arbre.

Cette maladie cause souvent de grands ravages, surtout dans les jeunes olivettes greffées sur sauvageons; elle est très commune en Tunisie. On doit supprimer toutes les parties malades et ne pas se servir du même sécateur pour les arbres sains. On doit aussi laver les plaies à l'eau acidulée à l'acide sulfurique à 1 °/₀. Comme moyen préventif, on doit éviter de faire des plaies aux arbres, et par suite ne pas faire usage du gaulage. En Italie, cette maladie, assez commune, porte le nom de *rogna*.

Sur le tronc.—*Polypore.*—Un champignon, appelé *Polyporus fulvus*, se développe quelquefois sur le tronc des vieux oliviers. C'est un champignon d'un brun fauve, en forme de sabot de cheval. Les myceliums de ce champignon pénètrent par les sections de la taille ou par les plaies et s'introduisent jusqu'au cœur de l'arbre, qu'ils rongent intérieurement et creusent en gouttière. Lorsqu'on s'en aperçoit, il faut pratiquer sur le point où le mycelium s'est introduit une ouverture et l'évider avec soin, de manière à détruire tous les germes; puis on lave les bords avec du sulfate de fer à 50 % additionné de 1 kilo d'acide sulfurique. Ce champignon vit au détriment du tissu médullaire, dont il détruit l'amidon. Il est rare en Tunisie.

Sur les racines. — *Pourridié.*— Le pourridié, que l'on nomme aussi *blanc des racines, mouffle,* est dû au *Dematophora necatrix.* Il ne se rencontre que dans les sols bas et humides, dans les olivettes où l'eau séjourne trop longtemps. Les arbres atteints par le pourridié ont tout d'abord une végétation luxuriante, puis peu à peu elle décroît; ils émettent des ramifications nombreuses, mais qui restent courtes: l'arbre se couronne, les branches sèchent. Si on arrache un arbre attaqué, on remarque sur ses racines des masses floconneuses d'un blanc de neige qui les enveloppent en partie. En vieillissant, ces filaments deviennent bruns ou gris souris et pénètrent dans l'intérieur, en remontant quelquefois jusqu'au collet et en détruisant les tissus placés audessous de la région libérienne: les racines se décomposent, deviennent spongieuses et l'arbre meurt ou cesse de produire.

Cette maladie fait la tache d'huile; quand on arrache un arbre malade il faut donc extirper avec soin tous les fragments de racines, les brûler, et, par précaution, injecter dans le sol du sulfure de carbone, à raison de 40 ou 50 grammes par mètre carré. Si on assainit le sol par un drainage, on ne peut pas replanter avant cinq ou six ans.

EXPLOITATION DE L'OLIVIER

DANS LE CENTRE DE LA TUNISIE

Depuis que M. Bourde a fait paraître sa remarquable étude sur l'olivier,[1] les surfaces consacrées à cette culture se sont accrues dans des proportions si considérables, qu'il est intéressant de savoir si les circonstances économiques indiquées par M. Bourde sont toujours les mêmes.

Disons dès maintenant que si les prix de revient de cette culture ont augmenté dans de notables proportions, le rendement en olives, par suite d'une culture plus intensive et mieux comprise, a augmenté de son côté.

Divers modes d'exploitation de l'olivier. — Deux systèmes sont en usage pour l'exploitation de l'olivier : la m'rharça et l'exploitation directe. Ce dernier système est surtout employé par les grands propriétaires terriens et tend de plus en plus à se généraliser.

M'rharça. — La m'rharça est une sorte de métayage entre un propriétaire et un indigène; le propriétaire fournit à l'indigène le terrain et l'indigène donne son travail et complante le terrain. Lorsque les oliviers commencent à produire, ou plutôt lorsque les produits arrivent à payer les frais d'entretien, c'est-à-dire au bout d'une dizaine d'années, le partage de l'olivette a lieu par moitié. En dehors du terrain, le propriétaire fait encore à son m'rharci une avance d'argent en vue de lui permettre d'acheter les animaux de trait et le matériel nécessaires à l'exploitation du sol. Cette avance lui est du reste remboursée au moment du partage, soit en argent, soit en nature, c'est-à-dire en oliviers pris sur la part du m'rharci.

Exploitation directe. — L'exploitation directe se fait au moyen d'un gérant installé sur la propriété et qui se charge, aux frais du propriétaire, du défrichement, de la mise en culture et de la plantation des oliviers. Ce gérant touche généralement un traitement assez faible de 150 à 200 francs par mois, mais il a droit, après une période de dix ans, au huitième ou au dixième de la surface plantée. Par une exploitation directe bien conduite, on peut, en huit ans, obtenir des oliviers un rende-

(1) *Rapport sur les cultures fruitières et en particulier sur la culture de l'olivier dans le Centre de la Tunisie.*

ment suffisant pour payer sinon la totalité, du moins une grande partie des frais d'entretien.

DU MODE D'EXPLOITATION PAR M'RHARÇA

Dans le principe, c'est-à-dire à l'époque où a commencé la reconstitution de la forêt d'oliviers de Sfax, le système des m'rarcis était de beaucoup le plus avantageux, le plus simple, le plus économique. La plantation ne portait alors que sur de petites étendues; chaque m'rharci se chargeait de la plantation d'une dizaine d'hectares, et le propriétaire n'avait à lui faire qu'une faible avance de 1 fr. 60 environ par pied d'olivier; le m'rharci se procurait lui-même les éclats qui lui étaient nécessaires, souvent même il les trouvait sur le terrain en les empruntant à de vieux oliviers. Aujourd'hui, la plantation de l'olivier a pris une telle extension, que les m'rharcis ne peuvent plus trouver sur place les éclats dont ils ont besoin et que le propriétaire est obligé de les acheter lui-même et de les porter sur le terrain; d'où première augmentation de dépenses qui se renouvelle parfois les années suivantes si l'année a été sèche et la reprise mauvaise.

D'autre part, profitant de la loi économique de l'offre et de la demande, le m'rharci a élevé ses prétentions, et au lieu de se contenter d'une avance de 1 fr. 60 par pied d'olivier, il exige aujourd'hui 2 fr. au moins, et même davantage.

Enfin, les m'rharcis et surtout les bons m'rharcis deviennent de plus en plus rares. On rencontre toujours, il est vrai, des indigènes qui, poussés par le besoin d'argent, proposent leurs services; mais lorsqu'ils ont touché les avances, fait un semblant de culture, ils abandonnent souvent la plantation, et le propriétaire est obligé de chercher de nouveaux ouvriers et de faire de nouvelles avances.

M. Bourde, qui a envisagé dans sa brochure la possibilité de se procurer des m'rharcis, espère que pendant longtemps encore on trouvera assez de bras pour ce genre d'exploitation; mais avait-il bien prévu que l'impulsion qu'il donnait à cette culture donnerait des résultats aussi considérables? En 1893, la forêt d'oliviers qui entourait Sfax s'arrêtait à une quinzaine de kilomètres de la ville; aujourd'hui, il faut en chercher les limites à 30 et 40 kilomètres, ainsi qu'il est facile de s'en rendre compte en suivant les principales routes qui, partant de Sfax, s'enfoncent dans l'intérieur.

Sur la route de Gremda, les plantations nouvelles s'avancent jusqu'à Gasser-Ryha (45 kilomètres); sur la route d'El-Attaïa, elles vont jusqu'à l'extrémité de la sebkha Bou-Djebel (43 kilomètres); sur la route de Tunis, elles s'étèndent à 5 kilomètres du domaine de Sainte-Juliette, soit à 34 kilomètres; enfin, sur la route de Gabès, en passant par Mèharès, on les retrouve jusqu'à 40 kilomètres. On peut donc sans exagérer dire que la partie plantée en oliviers occupe un demi-cercle ayant un rayon de 35 kilomètres, soit en surface : $\frac{3,14 \times 35.000^2}{2}$ = 192.325 hectares. Si on admet que chaque hectare contient 17 oliviers 1/3, nous arrivons au chiffre de 192.325 × 17,33 = 3.332.992 oliviers.

M. Bourde espérait aussi que chaque m'rharci sfaxien, après avoir achevé la complantation de dix à douze hectares, en reprendrait un deuxième, puis un troisième lot; cette prévision ne s'est réalisée que pour un petit nombre d'entre eux. La plupart des Sfaxiens qui s'engagent comme m'rharcis sont déjà propriétaires d'une ou plusieurs olivettes, et lorsqu'un indigène est possesseur de 150 à 200 oliviers, il se trouve assez riche et ne cherche pas à agrandir son bien ; le travail d'une trentaine d'hectares lui suffit largement, d'autant plus qu'en dehors des oliviers, il a souvent un jardin qui, s'il lui rapporte des légumes, demande des soins; il est également obligé d'ensemencer un peu de céréales, de les moissonner et de les battre, et ce travail, qui est capital pour lui, dure souvent plusieurs mois; il arrive ainsi qu'à cette époque certains propriétaires ne peuvent décider leurs m'rharcis à abandonner leur moisson pour venir travailler ou arroser leurs oliviers.

D'après les considérations qui précèdent, il est facile de se rendre compte que les frais d'exploitation par m'rharcis ont dû augmenter et que par suite le prix de revient d'un olivier à dix ans, fixé primitivement par M. Bourde à la somme de 3 fr., a dû s'élever.

Pour arriver à la détermation de ce prix de revient, nous prendrons une exploitation de mille hectares qui, dans le contrat de m'rharça, laissera au propriétaire au bout de dix ans une olivette de 500 hectares, et sur laquelle nous installerons un gérant qui surveillera la plantation, achètera les plants et fera les avances d'argent aux m'rharcis. (Ce gérant reçoit ordinairement comme salaire le 1/10e de la part revenant au propriétaire.) Nous admettrons d'autre part que la plantation se fera en lignes à 24 mètres les unes des autres et en quinconce, de manière à obtenir 20 arbres par hectare, soit 20.000 pour toute la propriété; nous admettrons aussi, l'arrosage étant indispensable pendant les deux ou trois premières années, qu'il sera nécessaire de creuser un puits par 250 hectares, soit quatre puits sur tout le domaine, car il serait impossible d'envoyer les indigènes chercher l'eau à plus de 2 à 3 kilomètres. Enfin, le gérant, soit qu'il réside sur le terrain, soit qu'il y vienne de temps en temps, a besoin d'une petite maison pour s'abriter. Cette maison se fera près d'un puits et, autant que possible, au centre de la propriété.

M. Salavy, membre de la Chambre mixte du Sud, a, dans un travail paru dans le Bulletin de cette Chambre (avril-juin 1897), établi le prix de revient de l'olivier dans le système de la m'rharça. Ce prix a été fixé par lui à 10 fr. en chiffre rond ; mais comme dans ses calculs il ne tient pas compte de la rétribution du gérant, il y a lieu d'augmenter le chiffre qu'il donne de la valeur de ce qui revient à celui-ci. La part du gérant étant

Cliché de l'*Illustration.*

OLIVIER PLUSIEURS FOIS CENTENAIRE

de 1/10e de celle du propriétaire, il lui reviendra, étant donné que la part du propriétaire est de 10.000 oliviers : $\frac{10.000}{10} = 1.000$ oliviers, soit, à 10 fr. l'arbre, une valeur de 10.000 fr., c'est-à-dire plus de 1 fr. par olivier, puisqu'il ne restera plus au propriétaire que 9.000 arbres. Dans ces conditions, le prix de revient donné par M. Salavy doit s'élever au minimum à 11 fr. par arbre.

Ce chiffre nous paraît trop élevé, ainsi que nous allons le voir par les calculs suivants :

Exploitation par m'rharcis de 1.000 hectares d'oliviers, sur lesquels 500 resteront au propriétaire

1re année : Versement de la moitié du prix du terrain........................Fr.	5.000 »		
Un puits par 250 hectares, soit quatre, à 2.000 fr. l'un...............	8.000 »		
Une petite maison pour le gérant..	2.000 »	59.000 »	
Avance aux m'rharcis : 2 fr. par olivier, soit pour 20.000.............	40.000 »		
Acquisition et transport de 20.000 éclats à 20 fr. le cent.............	4.000 »		
2e et 3e années : Remplacement des manquants	mémoire		
4e année : Versement de la deuxième moitié du prix du terrain...............	5.000 »	15.000 »	
Part du gérant : 1/10e de 10.000, soit 1.000 oliviers, à 10 fr.............	10.000 »		
Intérêt des sommes avancées			
1re année : 59.000 fr. à 5 %, 2.950 fr. par an, et pour 10 ans....................	29.500 »	31.000 »	
4e année : 5.000 fr. à 5 % par an, et pour 6 ans.	1.500 »		
Total des avances............Fr.		105.000 »	
Il y a lieu de déduire de cette somme les avances faites aux m'rharcis et remboursables au moment du partage, ci.		40.000 »	
Reste net comme frais.............Fr.		65.000 »	
Pour cette somme de 65.000 fr., le propriétaire reçoit au bout de dix ans : oliviers..................................		10.000 »	
moins la part du gérant, qui est du 1/10e, soit..............		1.000 »	
Reste au propriétaire : oliviers.........		9.000 »	

Le prix de revient est donc pour chaque olivier égal à $\frac{65.000}{9.000}$ = 7 fr. 22. Celui indiqué par M. Bourde était de 3 fr. Faisons remarquer toutefois que M. Bourde ne donne ce prix que pour les exploitations restreintes et a soin d'ajouter que pour les domaines de 100 hectares et au-dessus il y a lieu de prévoir la construction de puits et la rémunération d'un gérant.

DE L'EXPLOITATION DIRECTE PAR PETITS COLONS

Devant la difficulté de se procurer des m'rharcis, plusieurs grands propriétaires ont eu recours à l'exploitation directe au moyen d'un gérant chargé de faire, à leurs frais, le défrichement, la plantation et la mise en culture du domaine. Ce système doit donner de bons résultats s'il est bien conduit et confié à des hommes expérimentés, et surtout si les plantations données à chaque gérant ne sont pas trop étendues.

Inconvénient des exploitations trop grandes. — Si dans quelques grandes exploitations la plantation a été bien faite, il n'en a pas toujours été de même de la mise en culture. Dans les grandes exploitations, tous les attelages de la ferme sont absorbés par l'entretien de la partie qui a été tout d'abord défrichée et plantée, et le reste est complètement envahi par le chiendent, l'alfa, le jujubier, de sorte qu'il est à craindre que les jeunes oliviers, privés de culture et des éléments nécessaires à leur existence et envahis par les mauvaises herbes, ne finissent par périr ou que, souffrant dans leurs premières années, ils ne donnent jamais des arbres vigoureux et productifs.

Division en petits domaines. — Avantages offerts aux petits colons. — Aussi serait-il peut-être préférable de diviser ces grands domaines en petites fermes de 200 à 250 hectares, sur chacune desquelles on installerait une famille de paysans français composée d'un certain nombre de personnes, dont deux au moins pourraient tenir la charrue.(1) Cette famille recevrait un salaire de 125 à 150 fr. par mois, qui lui permettrait de vivre, et avoir droit en plus au produit de toutes les récoltes intercalaires qu'elle pourrait faire sur la propriété. En adoptant le système de jachère avec labours de printemps, ces petits fermiers ensemenceraient tous les ans une cinquantaine d'hectares de céréales qui, en admettant un rendement de 5 hectolitres à l'hectare, leur donneraient 250 hectolitres de grain. En supposant que ce grain valût seulement 15 fr. l'hectolitre, ce serait un produit brut annuel de 3.750 fr., d'où il y aurait à déduire la part d'orge nécessaire à la nourriture des animaux de trait.(2) On pourrait également leur accorder le droit d'entretenir sur le domaine du bétail de rente, dont tous les produits leur appartiendraient.

Charges du propriétaire. — Le propriétaire aurait comme charges la construction d'une maison avec écurie et puits, il fournirait également le bétail de trait et les instruments agricoles nécessaires : les animaux seraient nourris par lui pendant les six premiers mois de la première année, c'est-à-dire jusqu'à la récolte, en admettant que l'entrée en ferme ait lieu le 1er octobre; il avancerait aussi la première année, et pour six mois seulement, les grains nécessaires pour ensemencer 50 hectares; cette avance lui serait remboursée sur la récolte de la première année.

Plantation. — La plantation serait faite à forfait, au compte du propriétaire; elle reviendrait à environ 28 fr. le cent, se décomposant ainsi :

(1) Avec trois laboureurs dans la famille, la mise en valeur étant plus rapide, le petit colon aurait plus de temps à consacrer à ses propres cultures.

(2) Nous mettons le lecteur en garde contre les années de sécheresse, qui peuvent faire diminuer ces rendements.

creusement des trous, 6 fr.; acquisition des éclats, 12 fr.; transport et mise en place, 10 fr. (6+12+10=28).

Cette plantation se ferait sous la surveillance et la responsabilité du petit colon, qui serait tenu d'arroser les éclats et les jeunes plants lorsque le besoin s'en ferait sentir. Le remplacement des oliviers manquants aurait lieu dans les mêmes conditions.

Liquidation de l'association. — Au bout de dix ans (ou plus tôt si la plantation était complètement terminée, et si les produits pouvaient payer les frais d'entretien), l'association prendrait fin et le petit colon deviendrait propriétaire de 1/10e du terrain, soit 25 hectares, si le domaine était de 250. Il pourrait alors se retirer ou continuer l'exploitation aux mêmes conditions que précédemment. De même que dans la m'rharça, la plantation se ferait en lignes à 24 mètres et en quinconce, à raison de 20 pieds par hectare.

Détermination du prix de revient. — Nous avons vu que dans l'exploitation par m'rharcis le propriétaire doit planter 1.000 hectares pour en avoir 500 à la fin de l'association; tandis que dans l'exploitation directe par petits colons, il doit planter 500 hectares pour en avoir 450; c'est donc sur 500 hectares que nous établirons nos comptes pour déterminer notre prix de revient.

Compte d'une exploitation de 500 hectares divisée en deux fermes de 250

1re année :	Versement de la moitié du prix du terrain.... Fr.		2.500 »
	Construction des deux maisons avec écurie, à 4.000 fr. l'une		8.000 »
	Construction de deux puits, à 2.000 fr. l'un		4.000 »
	Quatre bêtes de trait, à 250 fr. par collier		1.000 »
	Matériel de culture, charrues, scarificateur, herses, etc		800 »
	Deux arabas et harnais, à 180 fr. l'une		360 »
	Nourriture des animaux de trait pendant six mois		600 »
	Plantation de 5.000 oliviers, à 28 fr. le cent		1.400 »
	Traitement des deux petits colons, 150 fr. par mois l'un		3.600 »
	Avance de semences pour 50 hectares pour six mois		mémoire
2e année :	Plantation du reste des oliviers, soit 5.000, à 28 fr. le cent.... Fr.	1.400 »	5.000 »
	Traitement des petits colons	3.600 »	
	Nourriture des animaux de trait	mémoire	
	A reporter.... Fr.		27.260 »

	Report.......Fr.		27.260 »
3e année :	Remplacement des manquants de la 1re année, un tiers ; 1.400 : 3 =......	466 »	4.066 »
	Traitement des petits colons........	3.600 »	
4e année :	Remplacement des manquants de la 2e année, un tiers : 1.500 : 3 =......	466 »	6.864 »
	Remplacement des manquants de la 1re année, un cinquième : 1.400 : 5 =	298 »	
	Versement de la deuxième moitié du prix du terrain..................	2.500 »	
	Traitement des petits colons........	3.600 »	
5e année :	Remplacement des manquants de la 2e année, un cinquième : 1.400 : 5 =	298 »	5.398 »
	Quatre animaux de trait supplémentaires..........................	1.000 »	
	Traitement des petits colons........	3.600 »	
	Matériel correspondant aux animaux supplémentaires................	580 »	
6e année :	Traitement des petits colons....................		3.600 »
7e année :	Id. id.		3.600 »
8e année :	Id. id.		3.600 »
	Total des capitaux.......Fr.		54.388 »

Intérêts des sommes avancées

1re année :	22.260 fr.	à 5 °/o l'an	1.113 fr. »	et pour	8 ans.....Fr.	8.904 »
2e —	5.000	—	250 »	—	7 ans........	1.750 »
3e —	4.066	—	203 30	—	6 ans........	1.219 80
4e —	6.864	—	343 20	—	5 ans........	1.716 »
5e —	5.398	—	269 90	—	4 ans........	1.079 60
6e —	3.600	—	180 »	—	3 ans........	540 »
7e —	3.600	—	180 »	—	2 ans........	360 »
8e —	3.600	—	180 »	—	1 an.........	180 »
					Total des intérêts...Fr.	15.749 40
					Report des capitaux.........	54 388 »
					Capitaux et intérêts..Fr.	70.137 40

Pour la somme de 70.137 fr., le propriétaire reçoit : oliviers.	10.000 »
moins la part du petit colon (ou fermier), 1/10e, ci...........	1.000 »
Reste net : oliviers......	9.000 »

Le prix de revient de chaque olivier est donc de 70.137 : 9.000 = 7 fr.79. D'où une différence en faveur du mode de la m'rharça de 0 fr. 57 (7,79 — 7,22 = 0,57).

Il nous reste à examiner si les travaux que comportent la mise en culture et la plantation de chaque ferme de 250 hectares pourront être effectués par une famille française composée ainsi que nous l'avons dit, c'est-à-dire comptant au moins deux personnes pouvant tenir la charrue.

La mise en culture se fera par bandes qui seront élargies chaque année et recevront des façons culturales assez nombreuses pour être maintenues constamment propres. Nous admettons que le terrain choisi est celui qui convient à l'olivier, c'est-à-dire qu'il est sablonneux, facile à travailler et ne comporte comme végétation que des plantes herbacées ou semi-ligneuses, alfa, arfège *(anvillœa radiata)*, chibh *(artemisia herba alba)*, tegouft *(artemisia campestris)*. Ces terains sont la généralité dans les environs de Sfax et en particulier sur l'enchir Bou-Thadi, qui vient d'être alloti et est disponible pour les colons qui veulent planter des oliviers. Là, point ou très peu de jujubiers.

La première période de défrichement, plantation et mise en culture, durera quatre années; un attelage de deux bêtes suffira pour ce travail.

La deuxième période commencera à la cinquième année ; le terrain sera alors tout défriché ; il sera nécessaire de doubler les attelages et le matériel de culture comme il a été indiqué dans les prévisions de dépenses. En dehors des journées nécessaires à la culture de l'olivier, il faut que le petit colon ait le temps de s'occuper de l'arrosage des jeunes plants et de la préparation du terrain où il doit faire ses semailles. Pendant les premières années, les bandes cultivées n'étant pas assez larges, il pourra labourer le terrain compris entre les bandes plantées, et cette partie cultivée viendra ensuite en déduction sur ce qui lui reste à faire chaque année ; mais, dans l'estimation du nombre de journées nécessaires pour le travail des oliviers, nous ne tiendrons pas compte de cette partie labourée antérieurement et nous considérerons que tout le terrain est à labourer.

Nous admettons que le premier labour exige 3 journées par hectare, qu'un attelage peut scarifier 2 hectares et en herser 3 dans une journée et qu'à chaque rangée d'oliviers est consacrée une bande de terrain de 24 mètres de largeur. Le labour de ces bandes commence par leur partie médiane, où sont plantés les oliviers.

Ceci posé, voici comment se répartiront les travaux jusqu'à la huitième année, époque à laquelle la plantation sera complètement terminée et les oliviers commenceront à donner des fruits.

Emploi du temps du petit colon de chaque ferme pour la mise en culture et la plantation de 250 hectares

DÉSIGNATION DES TRAVAUX A EXÉCUTER

1re année : Sur la moitié du domaine (125 h), labour des bandes sur une largeur de 8 mètres (1/3 de leur surface), soit une surface labourée de 125 : 3 = 41h 66a :

	Nombre de jours
Temps nécessaire : 41,66 × 3	125
Deux scarifiages de cette surface :	
Temps nécessaire : $\frac{41,66 \times 2}{2}$ = ...	42
Deux hersages de cette surface :	
Temps nécessaire : $\frac{41,66 \times 2}{3}$ = ...	28
	195

Reste au fermier ou petit colon pour travaux divers : 170 jours (365 — 195 = 170).

2ᵉ année : Sur les 125^h restants, labour des bandes sur une largeur de 8 mètres : même temps que la 1ʳᵉ année...	125
Deux scarifiages sur les 41^h66^a de la 1ʳᵉ année et sur les 41^h66^a de la 2ᵉ année, soit sur 83^h32^a..............	83
Deux hersages de cette surface....................	66
	274

Reste au fermier : 91 jours (365 — 274 = 91).

3ᵉ année : Sur 250^h, augmentation de 2 mètres de la largeur labourée des bandes (1/12ᵉ de leur surface), soit une nouvelle surface labourée de 250 : 12 = 20^h83^a	63
Deux scarifiages de la partie totale labourée : 83,32 + 20,83 = 104,15..........................	105
Deux hersages de cette surface....................	70
	238

Reste au fermier : 127 jours (365 — 238 = 127).

4ᵉ année : Même augmentation de la surface labourée que la 3ᵉ année....................................	63
Deux scarifiages sur 104,15 + 20,83 = 124^h98^a........	125
Deux hersages de cette surface....................	83
	271

Reste au fermier : 94 jours (365 — 271 = 94).

5ᵉ année : La surface à cultiver étant augmentée, les attelages sont doublés ; le temps nécessaire pour chaque façon culturale sera donc moitié moindre.	
Sur 150^h, augmentation de 6 mètres de la largeur labourée des bandes (1/4 de leur surface), soit une nouvelle surface labourée de 250 : 4 = 62^h50^a.	
Temps nécessaire : 62,50 × 3 = 187 jours 1/2 pour un seul attelage, et pour deux attelages.............	94
Deux scarifiages sur 125 + 62,5 = 187 jours 1/2 pour un attelage, et pour deux attelages.............	94
Deux hersages de cette surface : 125 jours pour un attelage, et pour deux attelages.................	63
	251

Reste au fermier : 114 jours (365 — 251 = 114).

6ᵉ année : Même augmentation de la surface labourée que la 5ᵉ année. (La surface entière se trouve alors labourée)	94
Deux scarifiages sur 187,50 + 62,50 = 250ʰ..........	125
Un hersage de 250ʰ..............................	42
	261

Reste au fermier : 104 jours (365 — 261 = 104).

7ᵉ, 8ᵉ année et suivantes : Labour à la charrue du tiers de la surface : 250 : 3 = 83,33.	
Pour ce deuxième labour 1 attelage fera 1 hectare en 2 jours.	
Temps nécessaire pour un attelage : 83,33 × 2, et pour deux attelages..............................	84
Deux scarifiages sur 250ʰ, comme la 6ᵉ année.......	125
Un hersage — —	42
	251

Reste au fermier : 114 jours (365 — 251 = 114).

Il est à remarquer que dans la prévision des travaux ci-dessus le nombre des façons culturales est porté au maximum ; il est bien certain que dans un terrain sablonneux et propre, un seul scarifiage ou un seul hersage serait suffisant, c'est-à-dire que l'on pourrait supprimer l'une ou l'autre de ces opérations.

En six années, la surface totale de chaque ferme se trouvera mise en culture ; en effet, en récapitulant les quantités labourées chaque année, nous trouvons :

1ʳᵉ année,	une largeur	de 8 mètres	sur 125 hectares.........	41ʰ66
2ᵉ année,	—	—	—	41 66
3ᵉ année,	—	de 2 mètres	sur 250 hectares.........	20 83
4ᵉ année,	—	—	—	20 83
5ᵉ année,	—	de 6 mètres	—	62 50
6ᵉ année,	—	—	—	62 50
			TOTAL.......	249ʰ98

COMPARAISON DE L'EXPLOITATION DIRECTE ET DU SYSTÈME DE LA M'RHARÇA

Dépenses d'entretien et rendement d'une olivette à partir de la huitième année. — Le prix de revient de l'olivier étant plus faible par le système de la m'rharça que par le système de la mise en valeur directe, doit-on préférer le premier mode d'exploitation, et, question financière mise à part, n'y a-t-il pas d'autres raisons importantes dont il faut tenir compte avant de se décider pour l'un ou l'autre des deux procédés ?

Dans l'exploitation par m'rharcis, il faut, dès la première année, une avance de 59.000 fr., contre 22.260 fr. dans la culture directe, et le total des avances pendant dix années est de 105.000 fr., au lieu de 70.000 fr.

Avec les m'rharcis, le partage ne peut avoir lieu qu'à la dixième année et parfois à la onzième ou douzième, tandis qu'avec un petit fermier on pourra dès la huitième année avoir une propriété complètement plantée et commençant à donner des fruits.

A la suite du partage avec les m'rharcis, le domaine aura l'aspect d'un véritable damier et sera divisé en un nombre de lots de 5 hectares environ double de celui des m'rharcis; d'où, pour éviter toute contestation avec les indigènes, pour empêcher les empiètements et surtout les délits de pacage, il sera nécessaire de procéder à un bornage. Comme dans 1.000 hectares il y aura au moins 200 parcelles, les frais qu'entraînerait cette délimitation seraient importants.

Lors du tirage au sort, les parts qui reviendront au propriétaire constitueront des parcelles séparées, si l'on ne prend certaines précautions. Afin que la part revenant au propriétaire soit en un seul tenant, M. Robert, directeur général de la Société des Huileries du Sahel tunisien, conseille d'opérer de la manière suivante :

Après avoir au préalable divisé sa propriété en bandes parallèles, chaque bande devant former un lot de m'rharça, le propriétaire introduira dans le contrat la clause que le partage se fera en même temps et en une seule fois pour tous les m'rharcis, par voie de tirage au sort, de façon à ce que les lots revenant à ces derniers se trouvent tous situés du même côté d'une ligne qui couperait par le milieu toutes les bandes parallèles, conformément au croquis ci-après :

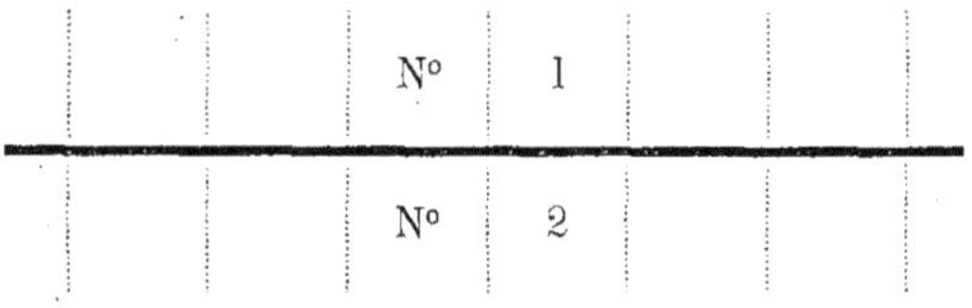

N° 1

N° 2

Pour le tirage au sort, deux bulletins seulement sont mis dans l'urne, l'un avec la mention « m'rharcis » et l'autre avec la mention « propriétaire ». Si, par exemple, le bulletin qui sort le premier porte la mention « m'rharcis », ceux-ci auront leurs parts du côté de la propriété portant le n° 1, indiqué à l'avance, et le propriétaire l'autre côté (n° 2). De cette façon, tous les m'rharcis seront d'un seul côté et le propriétaire aura pour sa part une série de parcelles qui formeront une propriété d'un seul tenant.[1]

Enfin si, au lieu d'adopter pour le prix de revient par la m'rharça celui que nous avons indiqué, nous prenons pour base celui donné par M. Salavy, la différence est toute en faveur de l'exploitation directe.

Voici en effet ce prix de revient tel qu'il est établi dans *le Bulletin de la Chambre mixte du Sud* (numéro d'avril-juillet 1897) :

(1) Ce système n'est applicable qu'aux propriétés d'une faible étendue; il exige en effet des terres d'une nature uniforme et de même qualité, condition presque impossible à réaliser sur un domaine de plusieurs centaines d'hectares. D'autre part, le propriétaire, ignorant quelle est la partie que le sort lui attribuera, ne pourrait faire aucune construction avant le partage définitif.

Compte d'une plantation de 1.000 hectares d'oliviers par m'rharcis

d'après M. Salavy

Année	Désignation	Montant	Total
1re année :	Achat du terrain, 1er versement Fr.	5.000 »	35.863 »
	Construction d'un bordj	4.000 »	
	Construction de deux puits	4.113 »	
	Avance à 100 m'rharcis, à raison de 10 hectares par homme et de 200 fr. par homme	20.000 »	
	Un gérant	2.400 »	
	Un gardien arabe	300 »	
2e année :	Achat de 16.000 plants à 11 fr. le cent	1.760 »	7.730 65
	Alignement des 16.000 plants à 3 fr. le cent	480 »	
	Avances aux m'rharcis nécessiteux	1.000 »	
	Appointements des employés	2.700 »	
	Intérêts à 5 % de l'avance de la 1re année (35.813 fr.)	1.790 65	
3e année :	Avances aux m'rharcis nécessiteux	2.000 »	6.877 20
	Appointements des employés	2.700 »	
	Intérêts des dépenses des 1re et 2e années (43.593 fr. 65)	2.177 20	
4e année :	2e versement sur le prix de 1.000 hectares	5.000 »	12.221 05
	Avances aux m'rharcis nécessiteux	2.000 »	
	Appointements des employés	2.700 »	
	Intérêts à 5 % de 50.420 fr. 85	2.521 05	
5e année :	Avances aux m'rharcis nécessiteux	2.000 »	7.832 10
	Appointements des employés	2.700 »	
	Intérêts à 5 % de 62.641 fr. 90	3.132 10	
6e année :	Avances aux m'rharcis nécessiteux	1.500 »	7.723 70
	Appointements des employés	2.700 »	
	Intérêts à 5 % de 70.474 fr.	3.523 70	
7e année :	Avances aux m'rharcis	1.000 »	7.609 60
	Appointements des employés	2.700 »	
	Intérêts à 5 % de 78.197 fr. 70	3.909 90	
8e année :	Avances aux m'rharcis	1.000 »	7.990 40
	Appointements des employés	2.700 »	
	Intérêts à 5 % de 85.807 fr. 60	4.290 40	
9e année :	Avances aux m'rharcis	1.000 »	8.389 90
	Appointements des employés	2.700 »	
	Intérêts à 5 % de 93.778 fr.	4.689 90	
10e année :	Avances aux m'rharcis	1.000 »	8.809 40
	Appointements des employés	2.700 »	
	Intérêts à 5 % de 102.187 fr. 90	5.109 40	
	Total des avances Fr.		110.997 30

Dépenses à rembourser par les m'rharcis, Fr. dont il faut déduire 10 °/₀ pour créances irrécouvrables par suite de la mort ou de la déconfiture de quelques m'rharcis..........	34.260 » 3.426 »	
	30.834 »	30.834 »
Reste comme avances.....Fr.		80.163 30

Le prix de revient des 8.000 pieds restant au propriétaire est donc de : $\frac{80.163 \text{ fr. } 30}{8.000} = 10$ fr. 02.

Le chiffre de 16.000 pieds pour 1.000 hectares peut sembler faible. On peut compter en réalité 17 oliviers 1/3 par hectare, c'est-à-dire 17.333 pieds pour 1.000 hectares, soit pour la part du propriétaire et pour 500 hectares: $\frac{17.333}{2} = 8.666$. Le prix de revient n'est plus alors que de : $\frac{80.163}{8.666} = 9$ fr. 25.

Enfin si, au lieu de conserver la plantation en carré, on obligeait les m'rharcis à planter en quinconce, la somme des avances à faire ne subirait pas une augmentation bien considérable, et le prix de revient serait encore diminué.

En effet, si, au lieu de 16.000 pieds, nous en avions 20.000, soit 4.000 de plus, la plantation de ces 4.000 pieds donnerait lieu à une dépense supplémentaire de 11 fr. le cent pour l'acquisition et de 3 fr. le cent pour l'alignement, soit 14 fr. le cent et, pour 4.000, 560 fr., dont l'intérêt pendant huit ans produirait 224 fr., soit donc une augmentation de dépense de 560 + 224 = 784 fr.

Cette somme ajoutée à 80.163 fr. donnera 80.947 fr., et comme pour cette somme le propriétaire aurait 2.000 pieds de plus, soit 10.000 oliviers, le prix de revient serait réduit à 8 fr. 09.

Dans les comptes précédents, la part du gérant n'a pas été prévue : il en est réduit à ses simples appointements, ce qui, pour beaucoup, serait insuffisant. Mais, en faisant abstraction de cette nouvelle charge et en admettant comme un minimum ce prix de 8 fr. 09 établi d'après les données de M. Salavy, on remarque qu'il reste entre ce prix de revient et celui indiqué par l'exploitation directe une certaine marge qui peut combler bien des imprévus.

Culture annuelle d'une olivette. — En se rapportant au compte des travaux à affectuer annuellement par un petit fermier établi sur une propriété de 250 hectares, on voit que ces travaux consistent en labours, scarifiages, hersages.

Dans une exploitation ayant reçu pendant huit ans les différents travaux que nous avons indiqués, la terre, si elle est sablonneuse, doit être meuble et parfaitement propre ; le scarificateur suffit largement pour maintenir cette terre en état, surtout si on se sert alternativement du scarificateur à lames larges et de celui à lames étroites : le premier remplit l'office de la maâcha, mais plus rapidement, le deuxième remplace la charrue arabe et peut remuer le sol à 0m 10 ou 0m 15; la herse termine l'ameublissement, le nivellement et permet le ramassage des mauvaises herbes qu'elle ramène à la surface. Néanmoins, il est utile de retourner de temps en temps le terrain et de mettre en contact avec les agents atmosphériques la couche inférieure du sol arable; c'est pourquoi nous comptons dans les travaux un coup de charrue tous les trois ans. Chaque hectare recevra donc un tiers de labour tous les ans.

Prix de revient de la culture d'un hectare d'oliviers à partir de la huitième année. — Ceci posé, nous pouvons établir le prix de revient de la culture d'un hectare d'oliviers, lorsque la plantation est complètement terminée; nous fixerons le prix de la journée d'une bête de trait à 2 fr. et celui de la journée d'un homme à 2 fr. 50.

Labour : 2 chevaux et 1 homme : 4 fr. + 2 fr. 50 = 6 fr. 50.	
Le labour de 1 hectare coûtera 6 fr. 50 × 2 = 13 fr.	
Le labour d'un tiers d'hectare : 13 fr. : 3 = ... Fr.	4 33
Scarifiage : 2 chevaux et un homme, 6 fr. 50.	
Le scarifiage de 1 hectare coûtera : 6 fr. 50 : 2 = 3 fr. 25.	
Un double scarifiage : 3 fr. 25 × 2 = ...	6 50
Un hersage : 6 fr. 50 : 3 = ...	2 16
Frais de cueillette : 0 fr. 80 en moyenne par arbre, pour 20 arbres..	16 »
Conduite au moulin et pressurage..........................	10 »
Taille : 3 fr. pour 10 oliviers, soit pour 20.....................	6 »
Total.....Fr.	45 16

La dépense annuelle pour chaque olivier arrivé à l'âge adulte sera donc de 45 fr. 16 : 20 = 2 fr. 25.

Si on ajoute à cette somme l'impôt kanoun, qui est de 0 fr. 45 par pied, on voit que chaque olivier, à partir de la quinzième année, coûtera 2 fr. 25 + 0 fr. 45 = 2 fr. 70.

Rendement moyen des oliviers à Sfax

Quel sera, pour cette dépense, le rendement de l'olivier? C'est là une question très difficile à résoudre, car sa solution est soumise à une infinité de circonstances inhérentes au sol, aux pluies tombées et surtout aux soins donnés à la plantation et au terrain.

Dans les meilleures conditions, avec des oliviers n'ayant jamais souffert, ayant toujours été parfaitement travaillés, et dans une année suffisamment fraîche, on peut obtenir :

						Litres
A la 10ᵉ année,	40 litres d'olives	donnant	10 °/₀	d'huile	....	4 »
A la 15ᵉ —	70	— —	15	—	....	10 50
A la 20ᵉ —	100	— —	20	—	....	20 »
A la 25ᵉ —	120	— —	25	—	....	30 »

Ces rendements ont été obtenus à Sfax en 1898-99, année pendant laquelle les récoltes ont été très bonnes.

Aux cours pratiqués cette même année, les rendements en argent ont été les suivants :

10ᵉ année,	4 litres	d'huile	à 0 fr. 80 .... Fr.	3 20
15ᵉ —	10	—	—	8 40
20ᵉ —	20	—	—	16 »
25ᵉ —	30	—	—	24 »

Ces rendements sont peut-être exceptionnels; pour avoir la moyenne, il faudrait les réduire de moitié; de sorte qu'en prenant comme moyenne un rendement de 10 fr. par arbre, à partir de la 20ᵉ année, on sera dans la vérité.

Ce serait un rendement brut de 200 fr. par hectare; soit, en retranchant les frais culturaux (45 fr. en chiffre rond), un bénéfice net de 7 fr. 77 par olivier (200 — 45 = 155 fr. : 20 = 7 fr. 77).

D'autre part, une enquête faite dans la région de Sfax auprès d'une trentaine de m'rharcis ou de propriétaires d'oliviers pour établir une moyenne des rendements, il résulte que le rendement moyen des oliviers à Sfax est le suivant :

A 8 ans,	20 litr. d'olives	à 15 °/₀	de rendement	= 3 litr. à 0ᶠ80... Fr.	2 40
A 10 ans,	40 —	à 15	—	6 —	4 80
A 15 ans,	60 —	à 20	—	12 —	9 60
A 20 ans,	80 —	à 25	—	20 —	16 »

Une grande partie des oliviers de vingt ans, bien travaillés, donnent jusqu'à 8 ouibas d'olives, soit 320 litres, et on a même vu en 1893-94 des oliviers à Sfax donner un rendement de 35 fr. par pied, les olives valant 50 fr. les 640 litres (16 ouibas).

N. Minangoin,
Inspecteur de l'Agriculture.

TUNIS. — IMPRIMERIE RAPIDE, 6, rue d'Alger

www.ingramcontent.com/pod-product-compliance
Ingram Content Group UK Ltd.
Pitfield, Milton Keynes, MK11 3LW, UK
UKHW020207200726
13856UKWH00003B/1243